365日、

絶好調で超ハッピーになれる言葉

Testosterone

扶桑社

は じ め に

おう。お疲れ。俺だ。Testosterone だ。軽く自己紹介させて
くれ。日本生まれアメリカ育ち、今は決まった拠点を持たず
世界中でさまざまな活動（主に筋トレ）をしている 1988 年
生まれの男（独身：年柄年中彼女募集中です！ 何卒よろし
くお願い申し上げます！）だ。

16 歳のときにアメリカで〝筋トレ〟と出会い、人生がとて
つもなく良い方向に変わってしまった経験から、日本でも筋
トレの素晴らしさ、身体を変えることによって心や人生その
ものを変えることができる喜びを少しでも多くの人に知って
もらいたいと思い、主に X（旧 Twitter）で発信をしている。
初期の頃は匿名顔出しなしでただひたすらに筋トレ愛を叫び
続けるという謎のアカウントだったのだが、俺がこれまでの
経験を通して学んできた人生訓を投稿したところこちらも大
好評だったため、今では筋トレ愛を叫びながら人生訓も語り
まくるというもっと意味のわからないアカウントになってい
る。そんな意味のわからない俺だが、俺の活動の動機は極め
てシンプルだ。

みんなに幸せになってほしい。
いつまでも健康で笑顔でいてほしい。

これだけである。これ以外には何もない。筋トレを勧める
のは筋トレがみんなの長期的な幸せに直結するからだし、
しょっちゅう寝ろ寝ろ言ってるのも睡眠はみんなの健康に直
結するからだし、人生訓を発信するのも、俺の言葉によって
みんなの気持ちがラクになったり、みんなの人生が良い方向
に向かうことで笑顔になってほしいという思いでやっている。

そしてありがたいことに、「あなたのおかげで人生が変わり
ました！　絶好調で超ハッピーです！！」的なメッセージを
いただくことも多い。ここだけの秘密だけど、そういうメッ
セージをもらうたび、俺、感動してちょっと泣いてる。（秘
密だよ）

そんな俺だが、このたび、X（旧 Twitter）のアカウントが、
2024 年をもって開設 10 周年を迎える。10 年間でフォロー
していただいた人数は、210 万人。その間に出してきた書籍
の累計発行部数は 100 万部超え。それだけの人数の方々に
少しでも良い影響を与えられたのだと思うと、俺は本当に本

当に嬉しい。

そこで、だ。俺が今まで発信し続けてきた言葉を厳選したものを作ればとても価値があるのではないだろうか？　いや、間違いなく価値がある！　と考えて誕生したのが本書である。この本は、人生を絶好調で超ハッピーにすごしてもらいたい。みんなに笑顔でいてほしい。そんな思いで俺が10年間つぶやいてきたことを、365日分、1日1言ずつ読めるように一冊にまとめた Testosterone バイブル的なものだ。1日1ページずつ焦らずじっくり読み込んでいくことによって、「絶好調で超ハッピー」になれる思考回路が知らず知らずのうちにあなたの脳内に染み込んでいく仕様になっている。もちろん一気に読んでもいいんだけど、それよりも一定のペース（1日1〜7ページぐらい）で読んでいき、読み終わったらまた初めから読むというサイクルを繰り返すことによって潜在意識に刷り込んでいく読み方をお勧めしたい。

この本をフル活用して、あなたの心の中に
リトル Testosterone を召喚してくれ。

人生のどんな局面も、俺と一緒なら楽勝で乗り越えられるし
100倍楽しいよ。

相棒、これから毎日よろしくね。

2024年4月　Testosterone

CONT

CONT

第 **1** 章

001

人生が楽しくない人はこの6つ覚えておいて。

一つ！　嫌われてもいい。誰からも嫌われないとか不可能だ

二つ！　つらいときは逃げていい。気軽に逃げろ

三つ！　誠意のない人間は相手にするな。時間の無駄だ

四つ！　無理なもんは無理である。気楽にあきらめることも大切だ

五つ！　不幸に慣れるな。あなたは幸せになるために生まれてきた

六つ！　悩んでも何も解決しない。そういうときはさっさと寝るのが一番だ。寝ろ

めちゃめちゃシンプルな教訓だけど、これを実践するのが難しいんだ。どんな状況でも反射的にこの思考ができるように頭に叩き込んでいこうな。あなたがこの思考をマスターして幸せな日々を送れるよう心から願ってるね！

調子に乗れ
ガッツリ乗れ

皆さんに驚愕の真実をお伝えします！　なんと、調子に乗ってもいいんです！　ダメなのは他人を見下すことであって、調子にはいくらでも乗っていいんです！誰かから「調子に乗るな！」と注意された場合、それは実は調子に乗っているから指摘されているのではなく、調子に乗ると他人を見下すをセットでやっちゃってるから注意されているのです。

自分に圧倒的な自信を持って調子に乗ることと他人を見下すことはまったく別の話です。他人を見下さなければいくらでも調子に乗っていいんです。他者への敬意と配慮さえ忘れなければ自信満々で何事にも果敢に挑んでいくのは良いことです。

調子に乗れ！

ガッツリ乗れ！

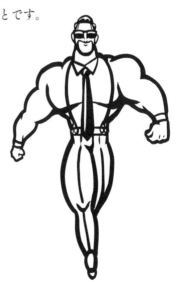

003

体が変われば思考が変わり
思考が変われば人生が変わる

人生を変えたければ筋トレして体を変えろ。

人生はそう簡単に変えられない。だが体は
8週間で劇的に変えられる。体が変われば
思考が変わり、体と思考が変われば人生も
変わる。メンタルが安定して体力がついて
自己肯定感が高まり自信がみなぎってくる。
それに、今よりちょっぴりモテるようにも
なる。信じろ。筋肉は裏切らない。筋トレ
は人生を変える。

何していいかわからない人はこれどうぞ。

筋トレアプリ「OWN.」
ダウンロードリンク

勘違いしてほしくないんだけど、俺はポジ
ショントークしてるわけじゃないから。筋
トレアプリを作ってるから筋トレをオスス
メしてるんじゃなくて、X（当時Twitter）
アカウント開設から10年間ずっと筋トレを
オススメしてて、筋トレが好きすぎて、もっ
とみんなに手軽にお試ししてほしくてやっ
と2022年に作ったのがこのアプリだから。
そこんとこよろしく！

スランプとは
成長と前進の証拠である

努力してると必ずぶち当たるのが停滞期だ。スランプという名の高い壁な。

覚えといてほしいんだけど、ここであきらめるのが一番もったいないんだよ。スランプってのは成長と前進の証拠なんだ。前進した人しか壁にぶち当たることはできないし、努力しない人は壁の存在に気づくことすらできない。スランプに陥ると自信をなくすかもしれないけど、逆だよ。壁まで進めた自分を褒めてあげるぐらいでちょうどいいぐらいだ。あなたなら必ず壁を突破できる。

壁なんてぶち壊せ。その壁をぶち壊した先には美しい景色が待ってるよ。で、その美しい景色を進んでいくとまた壁にぶち当たるから、そのときは再度「自分、また前進して次の壁に到着しちゃったぜ！」と歓喜しな。

スランプ上等！

005

人生がうまくいく最強の才能

家族を大切にしろ。友人を大切にしろ。お世話になった人を大切にしろ。知り合いを大切にしろ。あなたの周りにいてくれる人たちに不義理は絶対に働くな。人間関係は財産だ。自分の力でだいたいのことは解決できるが、最後の最後、ドン底にいるあなたを救ってくれるのは人の優しさや温かさだ。自分の力で大抵のことは成し遂げられるが、挫けてしまいそうなときや成功まであと一歩なのにどうしても到達できないとき、あなたを押し上げてくれるのは周りの人たちの応援だ。周りの人を大切にできない人間は幸せをつかめないよ。

周りの人に助けてもらう才能

これ、恐らくありとあらゆる才能の中でも最強の才能の一つです。そして、その才能を手に入れるにはとにかく周りの人を大切にすること。義理人情を守り抜くこと。心掛け次第で誰にでもできます。この才能は態度であり、態度は選択なのです。

周りの人を大切にしようね。

自分のご機嫌を取ることをサボるな

うまいもん食え。適度に運動しろ。行きたい場所に行け。欲しいもん買え。マッサージに行け。推しを推せ。やってみたいことがあるなら迷わずやれ。で、夜はたっぷり寝ろ。たまには贅沢してやりたいことやれ。

自分のご機嫌を取ることをサボるな。

日々を幸せに過ごすのってめちゃめちゃ大切だ。これはマジなんだけど、機嫌良くやってりゃ人生はおのずとうまくいく。ご機嫌な人の周りにはご機嫌な人や幸せな出来事が次々と引き寄せられてくる。他人のご機嫌なんて取ってる場合じゃないのだ。自分のご機嫌を最優先にして生きるのだ。他人のご機嫌より自分の機嫌。ここテストに出すのでしっかり暗記してください。

自分にとって大切な人は誰なのか見極める

好きすぎて一緒にいるだけで胸がドキドキしてしまう人の存在はすごく貴重だけど、「この人とは自然体でいられる」「この人といるときの自分が好き」と思える相手はそれと同等かそれ以上に貴重な存在です。最強です。

そういう人とたくさん一緒に時間を過ごすと最高に幸せになれます。人は刺激が好きなのでついつい前者を追い求めてしまいがちで、後者をほったらかしてしまう傾向にあります。そして、失ったときには、その人が自分にとってどれだけ大切な存在だったか気づいたときにはもう遅いのです。自分にとって大切な人は誰なのか？　誰と一緒にいたら長期的に幸せになれそうか？　しっかり見極めてその人のことをこれでもかってぐらい大切にしていきましょうね。

仕事の悩みは
家に持ち帰るの禁止

あなたの心に刻み込んでおいてほしいこの世の真理があるからよーく聞いてくれ！

準備はいいか？　いくぞ！

勤務時間外に仕事の悩みや職場であったイヤなことを考えても給与は1円も発生しません。自宅で仕事したり職場のことで悩んだりとか人生の損失です。仕事や職場の心配は勤務時間中に給料もらいながらしたほうが断然お得。明日のことは明日悩めばいいので、仕事が終わったらうまいもんでも食べてさっさと寝るのが大正義です。

この真理マジで大切だよ。仕事とプライベートのオンオフを切り替えられないと心が休まらなくて病んじゃうから、マスターできるように本気で取り組んでいこうな！自宅の玄関に入る前に「問題は立ち入り禁止です〜」と心の中で唱えてから入ったり、自宅でリラックスしたりするためのルーティンを作っておくのもオススメだぞ！

009

何をやっても ケチつけてくる奴はいるから ガン無視しとけ

あなたが何をしようとも、あなたがどれだけ気を使っても、こんな感じで冷水をかけるような言葉で文句をつけてくる人は100% 出現するから気にせず好きに生きような。

がんばる→意識高すぎ
がんばらない→努力しろよ
大学行く→学歴社会は終わった
大学行かない→社会に出て苦労する
結婚する→人生の墓場
結婚しない→変な人に違いない
転職しない→行動力が足りない
転職する→会社への忠誠心が足りない
発言する→出しゃばるな
発言しない→何か言えよ

気にするだけ無駄でしょ？　自分の生きたいように生きようね。俺はあなたを応援してるよ。

寝る 動く 食う

どんな自己投資も、

①7時間寝る
②週2回以上運動する（お散歩でもOK。朝散歩とか超オススメです）
③食生活を整える

という3つの行為には費用対効果で絶対に敵わないのでまずこの3つをちゃんとやりましょう。他のことはこの3つができてから。

睡眠でホルモンバランスと自律神経を整えて、運動で強い肉体と精神を保ち、健全な食生活で健康を保つ。王道にして最強。ちなみに、これら3つの行為はそれぞれ密接に関わっているので一気にやるといいです。睡眠をしっかりとることで活力が湧いてきて運動をする気になったりホルモン分泌の関係で食欲のコントロールがしやすくなるし※、運動をすることで睡眠の質が良くなったり食事にも気を使うようになるし、栄養バランスの良い食事をとることで運動するエネルギーが確保できたり睡眠の質が上がったりします。
本当に本当に王道かつ最強なので徹底してください。

※気になる人は「睡眠　グレリン」や「睡眠　レプチン」でググってみてください！

問題ってのは敵のように見えて実はあなたの味方だよ

問題があるから解決しようと工夫する。努力する。工夫して努力するからあなたはどんどん賢くなるし実力もつく。人は解決した問題の数だけ賢く強くなっていく。問題が何もない人生だと安定はするけど成長しないし刺激がなくて飽きちゃうよ。

資源の乏しい国（問題あり）と資源の豊富な国（問題なし）を比べてみるとよくわかる。資源が乏しい国、例えば、シンガポールはどうにかして経済を発展させなきゃいけなかったので積極的な経済政策や教育への投資などを行い今では世界でも有数の経済大国に成長した。逆に、資源が豊富な国、例えば世界でも有数の石油供給国であるベネズエラなどは石油に依存しすぎた結果、他の産業が発達せず、経済が破綻して今も多くの国民が貧困に苦しんでいる。

人間も同じだ。適度に問題があるほうがトータルで見て良い未来に向かっていける。問題は恐れるな。歓迎しろ。

人生とは
自分を満足させるゲーム

人生は他人を満足させるゲームではなく自分を満足させるゲーム
だ。考えてみてくれ。他人とは一時的な付き合いだけど、自分と
は一生の付き合いなんだ。他人にどう思われるかとかそんなコン
トロールできないことはどうでもよくて、自分で自分をどう思う
かのほうが100倍大切でしょ？　他人にどう思われるか気にし
すぎてると自分の人生を生きられなくなっちゃうぞ。自分で自分
の人生に満足できなくなっちゃうぞ。

他人は気にせず自分の人生を生きろ。あなたが納得のいく人生を
歩めることを心から願ってるし応援してるね！

013

「好き」をたくさん持っておけ

「好き」をたくさん持っておこうね。推しでもゲームでも漫画でも読書でも映画でもアニメでも創作活動でもネコでもイッヌでも YouTube 観賞でも筋トレでもなんでもいい。

「好き」をたくさん持っておくと圧倒的にメンタルが安定するし人生がめちゃめちゃ楽しくなるよ。「好き」が命を救うことだってある。人生のつらい時期を「好き」に救われる人って多いんだ。好きは多ければ多いほど良い。

好きを増やせ。好きを守れ。好きに誇りを持て。誰に何と言われようと、自分の好きなものは手放さないでね。好きな何かに出会えるって、本当に尊いことだよ。

リピート・アフター・ミー。

好きは正義！

心配事の
9割は起こらない

心配事の9割は起こりません。それに、起こったとしても大抵の
ことはなんとかなるのでまったく問題ありません。

心配とは存在しない問題を脳内で創り出して自分を苦しめる自爆
行為です。未来に起こり得る問題は無限にあるので、心配しすぎ
ることをやめないとあなたは今後一生何かを心配しながら生きて
いくことになります。本当は存在しない問題に頭を悩ませて苦し
むのはやめましょう。大丈夫。なるようになる。心配しないで。

ちょっと補足しますね。心配するなと言われても心配しちゃうか
ら困ってるんだよ……と思ってるそこのあなた！

心配をやめるのは意志です。生き方です。

僕も昔はあれこれ心配してしまうタイプだったのですが、鋼の意
志によって心配をやめました。結果、めちゃめちゃ生きやすくな
りました。今すごく心配してることを書き出してみてください。
で、3か月後でも半年後でもいいので、その心配事がいくつ現実
になったか答え合わせをしてみてください。それをすると、ほと
んどの心配事は取り越し苦労だったと気づけます。そうやって少
しずつ少しずつ心配に対するイメージを変えていくんです。必ず
あなたにもできます。あなたも心配やめてみませんか？　禁煙の
ノリで、レッツ禁心配！

015

「まあいっか」の
精神を忘れるな

まあいっか！

の精神で気楽に生きよう。すべての苦しみ、悲しみ、
怒り、恐怖などの負の感情は執着から生まれる。他
人や物事への執着を捨てれば心が一気に軽くなる。
適度にいい加減でいるほうがメンタルに良いし、何
事もうまくいくし、人生楽しめるよ。

いい加減というよりは良い加減と言ったほうがいい
かもしれないね。何事も肩に力がガチガチに入って
たらうまくいかないでしょ？　脱力したリラックス
状態ぐらいがちょうど良い加減なんだよ。

合言葉は「まあいっか」で肩の力を抜いて良い加減
で気楽にゆる～くやっていこうね。

リピート・アフター・ミー。

まあいっか！

ガッカリした？　失望した？　だから何

「ガッカリした」とか「失望した」とか言われると落ち込んじゃう人はいますか？　相手の期待を裏切ってしまった。相手の思いに応えられなかった。自分はなんてダメなんだ……みたいな。

断言するけど、そんなふうに思う必要は1ミリもないからね！　「ガッカリした」とか「失望した」とか、「あなたが私の操り人形になってくれないからムカつく」の言い換えだから。あなたの行動をコントロールしようとして、それを言えばプレッシャーになるとわかっていながらわざと言ってきてるだけだから。マジで責任なんて一切感じる必要ない。あーそうですかそれは災難でしたね。では、私は自分の人生を生きますのでサヨウナラで終わらせていい。勝手にあなたのイメージを作り上げてそれを押し付けてくる連中なんてシカトでOKです。

ここだけの話、僕は他者に対してそういう発言をしちゃう人間を理想押し付けガッカリクソ野郎と呼んでいます。

017

断定口調で話す奴 偉そうな奴に 気を使う必要一切なし

断定口調で話す奴や偉そうな奴っているよね。わかる。生きてりゃ必ず遭遇する。そういう人は高圧的で苦手だな……と思ってるあなたに良いことを教えよう！

基本的に人間は賢くなればなるほど自分がいかに何も知らないか気づいて断定口調で話さなくなるし、偉くなればなるほど偉そうに振る舞う必要がなくなって他者に丁寧に接するようになるもんだ。

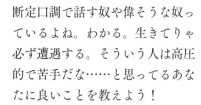

つまり！ 断定口調で話す奴は100% ただのアホだし、偉そうな奴は120% 実際は大して偉くない小物なのだ！ そんな奴らに気を使う必要は一切ないぞ！

わかったかお前ら！ 俺の貴重な話が聞けて本当に良かったな！感謝しろよ？

「やる気がなくてもやり始める」が やる気を出す唯一の方法である

やるべきことがなかなか始められないそこの あなたにとっておきの情報を教えよう！

「やる気がなくてもやり始める」がやる気を 出す唯一の方法だ！

残念ながらやる気は勝手には湧いてこない。 これは脳科学でも心理学でも証明されている。

よーく覚えておいてほしいのだが、やる気は、 やる気→行動ではなく、行動→やる気の順番 で発生する。つまり、やる気を出したければ やる気が湧いてくる前にとにかく行動あるの みなのだ。やる気なんかにあなたの行動を支 配させるな。代わりに行動でやる気を支配し てやろう。主従関係をハッキリさせてやろう じゃないか。ボスは誰なのかやる気にキッチ リわからせてやれ。

想像力をフル稼働させて優しい人になろう

自己責任論は滅びるべきだ。貧困をはじめとするその他のさまざまな不運な状況を自己責任の一言で片付けるのは想像力がなさすぎる。すべて自分の努力で勝ち取ってきたと思っている人も、それがどれほどの幸運が積み重なって成り立っているものなのか考えたほうがいい。家庭環境。良き友人。良い教育。そもそも良い教育が大切だという認識を持てたこと、努力できる環境、就職する時期の社会情勢などなど、すべてが運だ。

「先進国である日本に生まれた時点で幸運」とか、「日本ほど恵まれた国はないんだから甘ったれるな」とか言う人もいるけどそんなことはないでしょう。

非正規雇用が増え、親もお金ないし、親を支えるために若いときから家事やバイトをして学業に集中できず、大学行きたきゃ奨学金という名の借金を背負わされ、働いても給与は低く、でも働かないと食っていけないから劣悪な労働環境でも働くしかないって状況、これはあくまでも一例だけど、これを自己責任って言うかね？　絶対に違うよね。これって資本主義をベースとした日本社会の構造的な問題だよ。

自己責任論を振りかざすのはもう終わりにしよう。誰も取り残されない社会にしていこう。

自己責任論に限らず、他者に対して常に想像力を働かせて思いやりのある優しい人になろうね。俺、優しい人、好き。

お金を使え
人生を楽しめ

節約や貯金はもちろん大切だ。だが、それと同じぐらいお金を使って人生を楽しむことも大切だ。特に体験・経験のためならバンバンお金を使っちゃおう。

これは大体の人に当てはまる法則なんだけど、年齢を重ねれば重ねるほど1円あたりで得られる感動が薄れていく。18歳のときに1万円で得られた感動が、30歳になると5万円必要になり、40歳になると10万円必要になる。18歳のときは国内旅行で得られた感動が、30歳になると東南アジア旅行ぐらいは行かないと得られなくなり、40歳になるとヨーロッパ辺りまで行かないと得られないみたいな感覚、なんとなくイメージつくよね？　やりたいことがあるなら今すぐやるのが最もお値打ちなのだ。

021

前を向くこと それが一番大事

泣いてもいい。休んでもいい。逃げてもいい。弱音を吐いてもいいし誰かに頼ってもいい。でも前を向くことだけはやめないで。希望だけは絶対に捨てないで。前向きに生きてれば良いことだって必ずあるよ。また笑える日が必ずくるよ。前向きに生きてる人の最良のときはいつだって未来にある。保証する。あなたの幸せを願ってるね。幸せになってね。

どんなときも前を向くこと、それが一番大事。

寝ろ

メンタル不安定→寝ろ
体調不良→寝ろ
疲れやすい→寝ろ
不安→寝ろ
悩んでしまう→寝ろ
ストレス過多→寝ろ
集中力がない→寝ろ
記憶力が悪い→寝ろ
痩せない→寝ろ
アンチエイジング→寝ろ
美肌→寝ろ

冗談抜きで、世の中の99%の問題は寝れば
解決する。睡眠をしっかりとることで自律神
経とホルモンバランスが整ってありとあらゆ
る問題が解決する。逆に、睡眠不足だとあり
とあらゆる問題があなたを襲ってくる。

睡眠マジで大切だから毎日最低でも7時間前
後は寝ましょう。どうしても睡眠時間が確保
できないって人は、1日は24時間ではなく
睡眠時間の7時間を引いた17時間しかない
と考えるといいよ。24時間あると思うから
時間配分が複雑になって睡眠時間が確保でき
なくなっちゃう。17時間の枠内で時間配分
しよう。睡眠不足が心と体に与える悪影響を
考えると寝不足は自分で自分を虐待してるよ
うなもんやで。

023

死ぬ気でやるな
殺す気でやれ

死ぬ気でやるな。殺す気でやれ。

「嫌われたらどうしよう……」ではなく、「自分を嫌う奴はセンス悪いからどうでもいい」というマインドを持て。「裏切られるのが怖い……」ではなく、「裏切ったら潰すぞ」というマインドを持て。「嫌がらせが怖い……」ではなく、「倍返しにするぞボケ」というマインドを持て。

人生は常に強気でいかねばならない。弱気など何の役にも立たない。弱気は道端に捨ててしまえ。強気だ。圧倒的強気でいくのだ。

気合い入れていくぞっ！！！！！！！！

SNSとは
適切な距離感を保とう

SNS疲れを防ぐ5箇条

①反対意見は必ずある。気にしないで
②嫌われてもOK。好きな人とだけ繋がれるのがSNS最
　大の利点です
③批判の中に少しでも人格否定が混ざってたらシカトしま
　しょう。気づいた時点で続きは読まないでください
④不特定多数に発信してる以上、誤解は避けられない。全
　員を納得させようとしないこと
⑤疲れたらスマホを置け。寝ろ

SNSは人生をより楽しく生きるためのツールです。上の
ルールを意識してもSNSがどうしてもストレスになって
しまうと言う人は、一度SNSと距離を置いてみるのもア
リかもしれません。忘れないでください。人生は悩むため
ではなく楽しむためにあるんですよ。

025

絶不調におちいってからが本番 やり抜ける奴が天才

何か目標があってがんばっているそこのあなた！

覚えておいてくれ！ 調子が悪くてモチベーションが下がってるときこそあなたの真価が問われてるんだぜ！ ここでがんばれる人間が最後に勝つ！ 自信を失いそうなときこそアクセルを更に踏み込める人間がブッチギリの結果を出す！ 調子がいいときにがんばれるのは当然だ！ すべてがうまくいってりゃあ誰だって楽しいし続けられる！

だが、残念なことに何かを継続していけば常に絶好調なんてことはあり得ない。一直線の成長曲線なんて都合の良いもんはこの世に存在しない。大切なのは絶不調のときでも勝負を捨てず、努力をやめず、苦しくても突破口が見つかるまでがんばり続けることなんだ。そういう人間が最後まで勝ち残る。

絶不調におちいってからが本番だ。

才能とは、不調なときも自分を信じてやり続けられる能力のことを言う。そして、それをやり抜ける人間を世間は天才と呼ぶ。

天才になろうぜ。

「嫌い」という
感情を捨てろ

僕から提案があるのですが、「嫌い」という感情を捨ててしまいましょう。で、「嫌い」の代わりに「無関心」を採用しましょう。何かに対するあなたの感情を好き／嫌いの２択ではなく、好き／無関心に設定するのです。

考えてみてよ。嫌いなことについて考えてもストレスと時間の無駄になるだけで大損でしょ？ イジワルな顔してあれが嫌いこれが嫌いと話してる同じ時間で、笑顔であれが好きこれが好きって話もできるんだよ？ 絶対に好きなことの話をしてたほうが楽しくない？

嫌いの代わりに無関心、とってもオススメなのでぜひ意識してみてね。

嫌い、捨てちゃおうぜ。

027

趣味は命綱である

大事な話をします。趣味があるなら誰に何と言われようとその趣味を絶対に守り抜いてねというお話です。趣味を持っておくことはめちゃめちゃ大切です。趣味があるか否かが人の生死を分けることだってあります。人生のつらい時期を趣味に救われる人って多いんです。どんな趣味でもいい。趣味があるならどうか大切にしてください。趣味は人に生きがいと楽しみを与え、時には命をも繋ぎ留めてくれる本当に本当に尊いものです。

世の中にはメジャーなものからそうでないものまでいろんな趣味があります。時にはあなたの趣味に対して他人が「時間の無駄」とか、「何の役に立つの?」とか言ってくることもあるでしょう。が! そんなときは思い出してください。他人の趣味をバカにするとか真っ当な人間のやることではないので、そんな人の言うことを気にする必要はこれっぽっちもありません。どうかそんな人の言うことには惑わされず、自分の趣味に誇りを持ってください。全力で趣味を愛してください。

趣味はあなたを楽しくて幸せな気分にしてくれるんです。人生は楽しんで幸せになったもん勝ちなんだから、趣味を持つのに「楽しい」「幸せ」以上に正当な理由なんてありません。あなたが楽しいなら、あなたが幸せならそれでオールオッケー。趣味がある人はその趣味をずっとずっと愛し続けられることを、趣味がない人にはあなたの人生を輝かせてくれるような趣味が見つかることを僕は願っております。最高の人生にしていきましょう!

ちなみに僕の趣味は筋トレです。筋トレはいいぞ。筋肉は裏切らない。

学ぶ姿勢
好奇心
挑戦する勇気

何年前の話か忘れちゃったんだけど、出張で香港に行ったときの話をさせてくれ。ホテルのプールで70歳ぐらいのおばあちゃんが水泳を習ってて、まだ始めたばかりなのかすごく苦戦してるんだけど、泳げる距離が1〜2m延びるたびにめちゃくちゃ喜んでて、もう、マジで弾けるような最高の笑顔でずっと練習を続けてて、何歳になっても学ぶ姿勢、好奇心、挑戦する勇気さえあれば人生死ぬまで楽しめるなって改めて思ったんだ。逆に、これらがなくなるといくら若くても人生楽しめないなと。

学ぶ姿勢、好奇心、挑戦する勇気。これらは人生を楽しむための三種の神器です。もちろん俺も何も勉強する気が起きないとき、新しいものに興味が湧かないとき、挑戦するのが億劫なときはある。そんなときは、このストーリーを思い出して自分を奮い立たせています。

あなたもこのストーリーから何かを感じ取ってくれたら嬉しいな。

029

生きづらさを感じている
あなたへ

学校に馴染めない＝社会に馴染めないじゃないし、

今の会社に馴染めない＝どこの会社にも馴染めない。

環境には合う合わないがある。今の学校／職場という狭い世界と
あなたの相性が悪かっただけで、外の世界にはあなたにピッタリ
の場所が必ずあるし、学校／職場に馴染めないからといって、あ
なたが周りと比べて劣ってることにはならない。だからどうか自
分がダメだとか自分に問題があるだとか考えないで。

学校じゃ教えてくれないけど、合わない場所で必死に無理して生
活する生き方だけじゃなくて、合う場所を必死で探してそこで才
能をフル活用して楽しく生きるっていう道もあるんだぜ。

自分の人生は
自分の力で変革しろ

覚えとけ。自分の人生を変えられるのは自分だ
けだ。同情であなたを助けてくれる人はいても、
あなたを今後一生支え続けてくれる人はいない。
他人に依存せずに自分の力で生き抜く覚悟を
持った者のみが安定した幸福を手にできる。頼
るのはいい。ってか、人の助けが必要なときは
迷わず助けを求めろ。だが依存はするな。自分
のことは基本的に自分で救うのだ。

誰かに助けてもらうことしか考えられなくなっ
たとき、人は大切な何かを失う。

大丈夫だ。あなたなら必ずできる。
自分を過小評価するな。

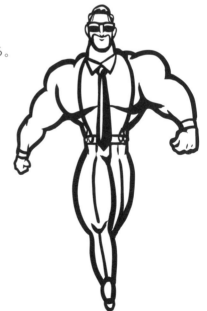

悩む＝人生の損失

みなさん！　速報です！　悩んでも何も解決しないことがたったいま判明しました！　人類史上、悩んだだけで問題が解決したことは一度もありません！　むしろ悩んでも不安や心配がふくらんでストレスになるだけっぽいです！　悩むとか損でしかない行為なのです！　悩むぐらいなら筋トレして忘れましょう！　または、うまいもんでも食ってさっさと寝ましょう！

大丈夫です！　未来のことは未来の自分がなんとかします！　気楽にポジティブにいきましょう！

第2章

032

悪口や陰口なんて
言っている暇はない

人の悪口や陰口は言うな。別に聖人になれと
言ってるわけじゃない。

考えてみてよ。嫌いな奴にあなたの貴重な時
間を1秒でも使うとかもったいなくない？
嫌いな奴にあなたの脳のスペースを1ミリで
も奪われたら損じゃない？　悪口や陰口を言
うのと同じ時間で、好きなことの話をしたり
誰かに感謝を伝えたりできるんだぜ。

同じ時間を使うなら絶対にそっちのがいいで
しょ。人生は短い。嫌いな奴のために使って
る時間なんて1秒もねえ。合理的に考えて、
悪口や陰口なんて叩いてるヒマはないのだ。

失礼な人間は相手にしなくていい

失礼な人。悪意のある人。こういう人に出会ってしまったら我慢せずに2秒で帰っていいよ。

仕事でどうしても対応しないといけない場合は、そいつらを人間だと思わずに宇宙人か何かだと思って接しよう。

失礼に礼儀で、悪意に誠意で対応してたら疲れちゃうよ。疲れるじゃ済まないな。そのうち病んじゃうよ。

あなたの礼儀は、あなたに礼儀を持って接してくれる人のためにとっておこう。あなたの誠意は、あなたに誠意を持って接してくれる人のためにとっておこう。

誰に対しても礼儀と誠意を持って接することのできるあなたは素敵だけど、あなたの礼儀と誠意を受け取るに値しない相手もいるよ。相手の職業や肩書きによって対応を変えるのは最低だけど、相手の態度や行いによって対応を変えるのは全然OK。臨機応変に対応してストレスフリーな生活を送ろうね。

人生は習慣でできている

人生が一気に上向く 16 の習慣

義理人情を守る
感謝を忘れない
挨拶はハキハキと
人によって態度を変えない
何事も深刻に考えすぎない
ケチケチしない
恩着せがましくならない
過去の自慢話をしない
過去の過ちをいつまでも責めない
人脈を自慢しない
誰かと揉めたときは先に謝る（関係を修復したい場合に限る）
悪口を言わない
負の感情を表に出さない
人を大切にする
常に笑顔でいる
筋トレする（筋肉は裏切らない）

やまない雨はない
夜明け前がいちばん暗い

人生のどん底にいる人。大丈夫だよ。心配しないで。今は信じられないかもしれないけど絶対にまた笑える日がくる。最高の状態が続かないのと同じで、最悪の状態がずっと続くなんてこともあり得ない。状況は必ず良くなる。時間が経つにつれ傷も癒えていく。今の状況を思い出話にできる日が必ず来る。だからどうか何事も深刻に考えすぎないで。温かい飲み物でも飲んでほっと一息ついて。ゆっくり深呼吸して。

大丈夫。
絶対に大丈夫。
やまない雨はない。
夜明け前がいちばん暗い。

036

親切→○
お人好し→✕

親切であれ。だがお人好しにはなるな。悲しいか
な世の中には人の親切心を弱さと勘違いして利用
しようとしてくる連中が山ほどいる。そういう連
中はお人好しな人を見つけて一度ターゲット認定
をすると、とことん甘えてくる。とことん搾取し
てくる。イヤならイヤ、つらいならつらい、やめ
てほしいならやめてほしい。思ってることがある
ならハッキリ言おう。相手が気づいてくれるのを
待ってたらダメだ。自分の身は自分で守ろう。

勘違いしないでくれよな。親切なあなたは素敵だ。
超素敵だ。超素敵なあなたにはきっと幸せになっ
てほしいから言っている。

親切であれ。だがお人好しにはなるな。

037

我慢するな 好きに生きろ

人生を自由に生きていると、「私も我慢してるんだからお前も我慢しろ」とでも言わんばかりにあーだこーだ理由を並べて文句を言ってくる連中が必ず現れる。

ガン無視でいい。

その人が我慢してるのはその人の勝手であって、あなたには何の関係もない。あなたの人生なんだからあなたはあなたの好きに生きたらいい。我慢を強要する社会なんて最低だし、誰かに我慢を強要できる権利を持った人間なんてこの世に1人もいないんだぜ。

人生一度きり。やりたいことやろう。生きたいように生きよう。

038

怖い上司や取引先、苦手な人がいる人にとっ
ておきの情報をプレゼントするね！
これさえ意識しておけば恐怖や不快感がだい
ぶ軽減されるはずだ！
準備はいいか？　いくぞ！

一つ！　人間の体の８割は水とタンパク質で
　　　　構成されている！そうつまり相手
　　　　は実質しゃべるプロテイン

二つ！　どんな人間の重量もしょせんは70
　　　　kg 前後！　そうつまり相手は実質
　　　　70kg のバーベル！　鍛えれば簡単
　　　　に持ち上げられる

三つ！　筋トレして強くなれ！　いつでも相
　　　　手のことをひねり潰せると思えば
　　　　全能感が溢れ出してきて心に余裕
　　　　ができる

以上のことを意識して元気に明るく楽観的に
やっていきましょー！！

時間は作るもの

「時間がない」を言い訳にしてると何も始められないよ。

時間ってのは自然にできるものではなく必死こいて作るもの
だ。人間やる気さえあれば時間なんて死に物狂いで作るもん
だよ。好きで好きで堪らない憧れの人から今夜急にデートに
誘われたら、スケジュール調整めっちゃがんばって今夜デー
トに行くでしょ？　何がなんでも時間作るでしょ？「時間が
ない」は、「やる気と覚悟がない」の言い換えなんだよ。

時間は平等だ。時間が余ってる人なんていない。時間がない
ことを言い訳にしてたらそのまま人生終わっちまうぞ。やり
たいことがあるなら死に物狂いで時間を作ってやろうぜ。工
夫したら絶対にできる。応援してるね。

もちろん特殊な理由で本当に時間がない人がいるのもわかる。
でも、俺はそんなあなたにこそがんばって自分の時間をなん
とか捻出して自分の人生を生きてほしいと思ってる。人生を
エンジョイしてほしいと思ってる。少し厳しめな言い方に聞
こえたらごめんね。あなたがあなた自身のために使える時間
を確保できることを祈ってるね。

040

期待をなくせばイライラしない

他人のせいでイライラしてしまうときはこう考えてみてほしい。「イライラの原因は他人ではなくあなたの中にある」と。

どういうことか説明しよう。あなたの頭の中にある、「他人はこう振る舞うべき」「他人にこうしてほしいああしてほしい」という期待が裏切られるからイライラが発生するのであって、最初から何も期待なんてしなければイライラは発生しない。つまり、期待をなくせばイライラは消えるのだ。

イライラしてしまうことが多い人は、無意識のうちに「他人はこう振る舞うべき」「他人にこうしてほしいああしてほしい」と思ってしまっていないだろうか?

もし心当たりがあるなら、その期待を意識的に封じ込めて他人と付き合ってみてほしい。

他人はコントロールできない。であるならば、コントロール可能な自分の認知を変えてイライラを抹消するのが賢者の道である。マスターするには練習が必要だが、修行だと思ってトライしてみてくれ。目指せ!イライラフリーな生活!

041

ネガティブ思考よりも
ポジティブ思考でいこう

心配するな、ワクワクしろ
悲観するな、楽観しろ
絶望するな、希望を持て
言い訳するな、潔く謝れ
悪口言うな、人を褒めろ
我慢するな、我慢しなくてもいい道を探せ
愚痴るな、行動しろ
妬むな、憧れろ。そして目指せ
恨むな、忘れろ
悲しい顔すんな、笑え
悩むな、筋トレしろ

こんな感じで、ネガティブ行動をポジティ
ブ行動に置き換えるだけで人生が100倍
楽しくなるよ！　保証する！

一度きりの人生だ。常にポジティブでいる
必要はないけど、せっかくだし基本は明る
く楽しくいこうぜ！

許そう
忘れよう
それができない自分すらも許そう

許せない奴がいる人はそいつを許してやろう。許せないならせめて忘れよう。

誰かを憎み続けるのは心に大きな負担がかかる。許せない奴を恨んで不快な思いをし続けるには人生は短すぎる。恨むのをやめないと過去のイヤな記憶があなたの未来をも苦しめ続けるよ。過去にあなたを傷つけた人にあなたの未来まで傷つけられるなんて悔しいじゃん。

許せない気持ちはわかる。痛いほどわかる。許してやる価値のない奴がいるのもわかるし、そもそもそんな簡単に心の整理がつかないのもわかる。でも、いつまでも過去の呪縛に囚われていたら損するのは自分自身だ。相手のためじゃない。自分のために忘れよう。

どうしても無理って言うなら無理に忘れろとは言わないよ。許そうとすることで逆にもっとストレスになっちゃうなら本末転倒だ。

たとえ許せない人がいたとしても、あなたの心に平穏が訪れることを願ってるね。

上手にサボれ

サボる技術ってめちゃめちゃ大切だよ。成功する人はみんなサボるのがうまい。サボるから大怪我しないで継続できる。で、大怪我しない人は安定して成長できる。これって成功の絶対条件だ。

サボりまくれって話じゃないよ。心身ぶっ壊れるまでがんばったり、持続可能じゃないペースではがんばるなって話ね。

人生は短距離走ではなくマラソンだ。ちょうどいいペースってもんがある。最初の2.195kmを全速力で走ったら残りの40km地獄を見る。どんなときでも長期的に持続可能なペースでがんばること。で、それにはサボる技術が必須。本気を出すべきときと手を抜いていいときを的確に見極めて、サボれそうなときは大胆にサボっちゃおうぜ。

サボるの、許可します！

上手にサボれ！

044

あなたを笑顔に
してくれる人を大切に

あなたを笑顔にしてくれる人（推しも含む）を大切に
してね。その人はあなたの人生の宝物だよ。こればっ
かりはお金じゃ買えない。この広い世界で巡り会って、
同じ時代に生きてて、フィーリングまで合うとか奇跡
です。あなたもその人を超大切にして笑顔にしてあげ
てね。どんなときもその人を支えてあげてね。

あなたを笑顔にしてくれる人の存在を当たり前だと思
わずに全力で大切にして、笑顔にしてあげて、支えて
あげて、病めるときも、健やかなるときも、ずっとずっ
と一緒にいられたらそれはあなたの幸せに直結するよ。

もう一度言う。

あなたを笑顔にしてくれる人を大切にしてね。

人生の基礎は

寝る
食う
動く
笑う

睡眠不足、栄養不足、運動不足、笑顔不足。どれか1つでワンストライク。2つ重なればツーストライク。3つ重なったらアウトだと思ってください。人間はそんなに強くない。悪条件が整えばどんな人でも心身の健康を失ってしまうから気をつけて。

寝る
食う
動く
笑う

これ、幸せな人生の基本です。これらが不足しないように生活を送ってください。

寝よう。食べよう。動こう。たくさん遊んでたくさん笑おう。約束ね。

自分の機嫌は自分で取るのが大人である

不機嫌な人に気を遣いすぎる必要ないよ。自分の機嫌は自分で取るのが大人だ。その人の機嫌を取るのはその人本人の仕事であってあなたの仕事じゃない。誰かが不機嫌だとしてもそれはその人のマナー違反であってあなたが無理して機嫌を取る必要は一切ない。不機嫌を表に出して場の空気を悪くするなんてとんでもないマナー違反だ。

あなたの心に余裕があるなら優しい言葉をかけてあげるといいけど、必要以上に気を遣わないこと。他人の機嫌を気にしすぎると自分のメンタルが不安定になったりストレスが溜まって自分自身が毎日をハッピーに過ごせなくなってしまうよ。

真面目で優しい人ほど他者の機嫌を敏感に感じ取って影響を受けてしまうので気をつけてね、ちなみに、俺はそんな真面目で優しくて他者の感情に敏感な人が大好きだよ。あなたたちには絶対に幸せになってほしい。

考え方は
矛盾してOK

考え方は矛盾して OK だ。考え方は武器みたいなもん
だと考えてくれ。そのときに最も適した武器を選んで使
えばいい。例えば、がんばりたいときは「あきらめたら
そこで試合終了ですよ……？」と自分を鼓舞したらいい
し、つらくて挫けそうでこれ以上がんばったら危険かも
なってときは「人生ときにはあきらめも肝心！」と自分
を納得させて休めばいい。

戦士が武器を使い分けるが如く、あなたも時と場合に
よって考え方を使い分けるのだ。考え方の矛盾を受け入
れられるようになるとあなたの思考は変幻自在となり、
生きるのがムチャクチャ楽ちんになるよ。

俺は今ダイエット中なのに無性にケーキが食べたいんだ
けど、「やりたいことは今やっておかないと後悔する！」
かもしれないので、ちょっとケーキ屋さんに行ってくる。

おひとり様上等

世間の皆さまへ。

世間では1人＝充実してない、寂しいみたいなイメージがあるけど、「1人だと寂しくて死んじゃう」という寂しがり屋さんがいるのと同様に、「1人の時間がないとストレスで死んじゃう」という1人至上主義の人類もいるってのをそろそろご認識ください。寂しいどころか、1人族の民は必死で努力して1人の時間を作っているのです。

ちなみに、世間には「1人だと寂しくて死んじゃう」と「1人の時間がないとストレスで死んじゃう」の両方の特性を兼ね備えており、1人だと寂しくて死んじゃうくせにそのときの気分によっては1人にしてほしいという大変複雑なハイブリッドタイプも存在する模様です。

見つけたら保護してあげてください。よろしくお願いします。

みんなと
仲良くするという幻想

あなたをバカにしてくる人や気の合わない奴と我慢して
まで付き合う必要ないからね。あなたの良さをわかって
くれて気の合う人だけを全力で大切にしたらいいんだよ。
一緒にいて不快になる奴と無理して付き合ってもストレ
ス溜まるわ自己肯定感を削られるわで何もいいことない。
いいことないどころかむちゃくちゃ損。

みんなと仲良くする必要なんてないよ。

みんなと仲良くするとか、多種多様な生徒を一つの狭い
教室に押し込んで運営していかないといけない学校側が
創り出した幻想だ。

社会に出れば、狭い教室から飛び出して、自分と似たよ
うな属性の人たちの集団を見つけて、その中で楽しく
やっていくという選択肢が出てくる。

交友関係は深く狭くで OK です。

安心してください。僕もほとんど友達いません。

050

心からの
SOSサインを見逃すな

何もやる気が起きない
何をしても楽しくない
些細なことでイライラする
前は楽しめていたことが楽しめない

これらは、

限界が近いよ！　休んで！

っていう心からのSOSサインだ。体力の限界はわか
りやすいが心の限界はわかりにくい。

心にもしっかり注意を払ってやらないと知らないうち
に限界突破して心が壊れちゃうから気をつけてね。

無理しないでね。そういうときはしっかり休んでね。

批判を受けるのは
目立ってる証拠

100人いたら10人ぐらいは批判してくる奴が必ずいる。こればっかりはあなたがどれだけがんばっても避けては通れない道だから慣れるしかない。

「目立ってる証拠だ。やったぜ」ぐらいに思っとけ。いちいち気にしてたらストレスで病んじゃうぞ。後ろめたいことやってんなら話は別だが、自分の美学に従って行動してるなら批判の一つや二つ気にするな。自分を信じてそのまま真っすぐ突き進め。

批判？　やったな。目立ってる証拠だ。批判されるうちが花。
批判は無反応の10万倍の価値がある。

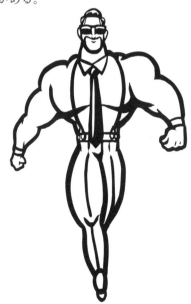

悪意に誠意で対応するな

悪意に誠意で対応するから疲れちゃうんだよ。悪意を持ってあなたに接してくる奴の相手をしてもイヤな思いをするだけ。相手に誠意がないなら相手するだけ損です。誠意ってのは人と接するときに絶対に持ってないといけない切符なんだよ。持ってない人は改札を通したらダメ。切符を持ってない客の乗車拒否するのは当然でしょ？

覚えといて。すべての人と平等に接する必要はないよ。相手が持ってる誠意の分だけ、自分も誠意を持って相手に接すればいいんだ。悪意を持って接してくる人にまで誠意を持って対応してたら疲れちゃうよ。

その点ダンベルはわかりやすくていい。10kg のダンベルは常に 10kg の力で持ち上げるしかない。わかりやすい。

誠意もいいけどダンベルも持とうな！

ダンベル！　好きだ！

愚痴く行動

グチりすぎには注意しよう。グチってめちゃめちゃお手軽で超強力なストレス解消法なんだよ。つまり、グチというストレス解消法を持ってると劣悪な環境でも耐えられるようになってしまう。で、人間は良くも悪くもどんな環境にも適応できてしまう生き物なので耐えてると慣れちゃって抜け出せなくなる。なんとかして抜け出す必要性を感じなくなる。感覚が麻痺してきて、「まぁこんなもんか」と思うようになってしまう。

いつもグチってる人って案外ずっとそこにいる人だったりするだろ？ 何かしらの事情があって現状維持したいならそれでもいいんだけど、自らの行動によって人生をより良くしていきたいと思ってるならグチるのはオススメしない。

グチるな。行動しろ。

054

怒鳴る指導者は最悪

怒鳴る指導は最悪だと多くの人に知ってほしい。
人は怒鳴られると命の危険を感じて脳がパニック
になる。で、脳がパニックになるとじっくり考え
たり物事を理解したりする能力が使えなくなる。
そんな状態で何を言ってもその人は怖いし傷つく
だけで何も学べない。もはやそれは指導という名
のイジメですよね。怒鳴ったらダメです。

怒鳴ったらダメとは言っても、恐らくこの本を読
んでくれている素敵な読者さんは怒鳴るタイプと
いうよりは、怒鳴る上司やなんかがいて困ってる
側の人が多いと思う。そんなあなたにまず一言、
本当にお疲れ様です。つらいよね。怒鳴るのがあ
まりにも酷かったら会社の人事に言うなり転職す
るなり何か行動を起こしてね。そこまでシリアス
じゃない場合は、このページに付箋貼ってオフィ
スのどっかに置いときましょう！

怒鳴る指導、一緒に撲滅していきましょう！

全力で働け そしてその倍遊べ

全力で働け！　そしてそれ以上に全身全霊をかけて遊べ！

人生は楽しむために存在するということを忘れるな！　仕事をするためだけの人生になってないか？　最近遊んだか？　心の底から笑ったか？　遊ぶことを、人生を楽しむことをサボるな！　暗い顔してたら良い仕事はできないしお金も寄ってこないぞ！

働くときは全力で働く。遊ぶときは全身全霊をかけて遊ぶ。オンオフ上手に切り替えてやっていこう！

遊べ！　笑え！　人生丸ごと楽しもうぜ！

056

不幸に慣れるな

不幸に慣れたらダメだぞ。絶対に、絶対にダメだぞ。

「いつか幸せになりたい」じゃないんだよ。いま幸せじゃないとおかしいの。不幸が緊急事態で、幸せが平常運転であるべきなの。

不幸に慣れてしまうと感覚が麻痺しちゃって、不幸が自然な状態だと錯覚して、その状態を受け入れてしまうようになるので注意してね。そして、その状態を受け入れてしまったあなたはこの先もずっと不幸なままだ。そんな人生は誰にも送ってほしくない。

忘れないで。あなたは幸せであるべきなんだよ。きっと幸せになってね。あなたの幸せを願ってるね。

太陽はまぶしい
あなたは尊い

「私なんて……」「自分はどうせ……」とか
禁句だぞ。

そんな悲しいこと言わないでくれ。断言す
る。あなたはダメじゃない。あなたの周り
の環境があなたにそう思わせてしまってい
るだけだ。悪いのは周りの環境であってあ
なたじゃない。

あなたには自分でも気づいてない魅力や才
能が必ずあるし、あなたが輝ける場所も
100%あるし、気の合う仲間だって絶対に
できる。まだ見つかってないだけだ。必ず
探し出せ。自分で自分を見捨てたらダメだ。

空は青い。太陽はまぶしい。あなたは尊い。
どうかそれを忘れないで。

058

人間断捨離のススメ

こういう人が身の回りにいるなら今すぐ離れましょう。

> あなたを大切にしない人
> あなたに敬意を払えない人
> あなたをバカにしてくる人
> あなたを否定ばかりしてくる人
> あなたの成功を喜べない人
> あなたの挑戦を応援してくれない人
> 愚痴や悪口しか言わない人
> 一緒にいるとテンション下がる人

関わるべきじゃない人を人生から排除するだけでストレスの
99% が消えて幸せになれます。人間関係の質＝人生の質です。

バッサリいきましょう。

趣味マジ大切

1人でも楽しめる趣味を見つけることは友人を見つけることと同じぐらい大切だと学校で教えるべき。趣味は人生を充実させるし、ストレス発散になるし、卒業したらほとんど会わなくなる友人と違って自分が飽きない限りは一生涯楽しめるし、副業や仕事にしてお金を稼げる可能性もあるし、その趣味を通して本当に気の合う友人までできてしまう。無敵。

仲の良い友達2〜3人。どハマりしてる趣味2〜3個。これぐらいが最もメンタルの安定する黄金比率ではないでしょうか。

僕のオススメは二次元や筋トレなどの絶対に裏切らない趣味です！

二次元と筋トレは裏切らない！！！！！！

060

意見が対立する人と出会ったら新しい考え
を学ぶ良い機会だと思いましょう。

絶対的に正しい意見なんてないんだから、
「あなたの意見にも一理あるし、私の意見
にも一理ある」でいいんだよ。説得する必
要もなければどちらが正しいか決める必要
もないし、ましてや怒ったり不快な気持ち
になる必要なんてこれっぽっちもない。価
値観は押し付け合うものではなく互いに認
め合うものです。

意見が食い違う人に出会うと敵視してしま
いがちだけど、その人のことを教科書だと
思ってじっくり学ばせてもらいましょう。
意見を受け入れろとは言わない。共感しろ
とも言わない。でも理解する努力はしよう。
たくさんの意見を理解すればするほど、あ
なたの他者に対する想像力が鍛えられて、
世界に対する解析度が上がって、人生がよ
り生きやすくなるよ！

意見が対立する人は
あなたの教科書である

他人の不幸を
エンタメ化するのはやめろ

○○が不倫した！
○○が離婚した！

みたいな、個人のプライバシーをガン無視して報じて
カネを儲けるメディアには滅んでほしいと思ってるし、
そのニュースを受けて繰り広げられるSNS上での袋
叩き、暴露合戦などを見ていると悲しくなる。

他人の不幸をエンタメ化するのはやめましょうよ。

この世界にはもっとたくさん楽しいことあるじゃない
ですか。何が悲しくて他人の不幸で盛り上がらなく
ちゃいけないんですか。

俺は絶対にやらないし、読者の皆さんにも絶対にやっ
てほしくない。

ハッピーにいきましょ。ハッピーに。

第 3 章

062

胸を張って堂々と生きよう

就職する→偉いぞ！ 立派だ！

就職しない→独立心があってカッコいいな！

がんばる→素敵だ！ 応援してる！

がんばらない→人生にはそういう時期も必要！
　　　　　　　　休めてエラい！

結婚する→素晴らしい！ 温かい家庭を作ってね！

結婚しない→今後こっちが主流になるかもね！
　　　　　　　自由に生きるのも最高だよね！

婚活する→誰かと一緒に生きていきたいという思いが美
　　　　　しい！ 良い人が見つかることを願ってる！

婚活しない→趣味に生きるのも悪くない！
　　　　　　　人生を全力で楽しんでくれ！

筋トレする→よ！ 大統領！

筋トレしない→筋トレしよ？ 筋トレは裏切らない！

人間は何をやっても尊いんだぜ。胸を張って堂々と生きていこうな！

「社会は甘くない」なんて言う人間はシカトでいい

「社会は甘くないぞ」「学生時代が一番楽しいぞ」とか言って社会の厳しさをあなたに植え付けようとしてくる奴いるでしょ？　全部シカトでいいよ。

社会を楽しもうとしている人や、これから社会に出る希望に満ち溢れた若者のやる気を削ぐようなこと言う連中にロクなのいないから。働いて経験値を積めば積むほど大きな仕事ができるし、学生時代よりやれることが増えて世界も広がってめちゃくちゃ楽しいから大丈夫だよ。

そりゃ社会は厳しいときもあるけど、人生を楽しんでる姿を見せて周りの社会人や若者に希望を与えるような存在が増えないと日本全体が暗くなっちゃうよ。我々がつまんなさそうにしてたら周りの人たちが人生に希望を持てなくなっちゃってかわいそうだよ。

ということで、

レッツ、エンジョイライフ！

064

ヘイトで動くな
愛で動け

愚痴を言ったり他者を批判してストレスを解消するよりも、好きなことに熱中したり推しを推してストレス解消したほうが100倍楽しくて平和で健全だよ。ヘイトは怒りや悲しみを、愛は喜びや幸せを引き寄せる。ヘイトで動くんじゃなくて愛で動こうぜ。愛を原動力にして生きたほうが間違いなく良い人生になるよ。保証する。

あなたの行動の原動力はヘイトですか？愛ですか？

僕の行動の原動力はもちろん筋肉です。

他人の発言なんて気にしなければノーダメージ

悪口陰口噂話批判が気になっちゃう人はこの4つを意識しろ!

①悪口言ってくる奴は他人に敬意を払えないとアホなので気にする価値なし
②陰口叩く奴は目の前に来て言う勇気のない臆病者なので無視でOK
③噂話する奴はただの暇人なのでシカト
④批判の大半は嫉妬なのでむしろ成功の証拠と捉えてしまえばいい

こうしてみるとあなたが感情を乱す価値のある相手なんて一人もいないだろ? しょうもない人間のせいであなたの気分が悪くなるとかマジでもったいないので、相手にしないでハッピーに日々を過ごそう。

これは超グッドニュースなんだけど、例えば〝殴られる〟とか〝何かを盗まれる〟みたいな実害のある問題はあなたが動いて対処しなくちゃいけないが、悪口陰口噂話批判みたいな実害は出ないけどあなたの感情が乱れる系の嫌がらせに関してはあなたが気にしなければノーダメージ。だから、思考を変えるだけで、脳内でパパッと処理できてしまう。そして、実は世の中には脳内でパパッと処理できるタイプの問題がかなり多いんだ。

この本にはそのための思考法をガッツリ詰め込んであるので、この本を所持して読んでいる時点であなたの鋼メンタルとハッピーライフは確定したも同然。あなたはなんてラッキーなんだ! 今日も良い一日を!

066

味方のフリをした敵に気をつけろ

「○○があなたの悪口を言ってたよ」と教えてくる人は味方のフリをした敵なので気をつけてね。本人に伝えても気分最悪になるだけなのに伝えるってことはあなたを傷つけたいか、あなたと誰かを揉めさせたいか、ただ単に空気の読めない人か、いずれにしてもそういう人と関わってもイヤな思いをするだけだから関わらないほうがいいよ。

どうしても気になる噂を聞いてしまったら必ず本人に確認すること。本当だったならやめるように警告すればいいし、ウソだったのならその人とは和解できる上に本当の敵が誰なのかも明確にわかる。間違っても第三者の言葉を鵜呑みにしないこと。これ、鉄則です。

本番は気楽に
努力は死ぬ気で

本番で緊張してしまう人は覚えておいて。バチバチに気合いを入れるべきなのは本番のときじゃない。本番までの道のりだ。やれるだけのことをやったら本番はリラックスして臨めばいいんだよ。気合いなんてあろうがなかろうが結果は変わんないから。勝負は本番前の努力の総量で既に決まってるから。

だからね、緊張を和らげる最善の施策はめちゃくちゃ努力すること。「やれるだけのことはやった。あとはもう天命に任せるしかない」って思えるぐらいやり切ること。努力したからこそ緊張するっていう意見もわかるんだけど、その努力じゃ量が足りてなかったのかもしれない。一回ガチで努力ってもんをこれ以上はないってぐらいやり切ってみてよ。緊張のその先へ行けるから。

本番は気楽に、努力は死ぬ気で。

89

怒らない人＝優しい人？

怒らない人＝優しい人ではなく、怒らない人＝他人に期待も興味もない人である場合が多い。

怒らない人との付き合い方はとても難しい。怒る人は怒るというステップを踏んで反省の機会を与えてくれるが、怒らない人は反省の機会すら与えてくれない。細心の注意を払ってお付き合いしないと知らないうちにあきらめられてて、知らないうちにあなたの元を去っていってしまう。

逆に、怒ってる人は意外と扱いやすく、うまいこと対応すれば良好な人間関係が築ける可能性が高い。怒るのはあなたに何かを期待しているからであって、それをわざわざ態度に出してくるということはあなたに改善してほしいところがある証拠であって、それはつまりあなたが改善すれば今後もお付き合いを続けていきたいという意志の表れでもある。

怒らない人＝要注意人物。

怒る人＝あなたがちょっとがんばれば仲良くできる人物。

1日1ミリ
理想の自分に近づく

自己肯定感を高めたければ、「理想の自分ならどうするだろうか？」「どちらの行動をとった後の自分のことを尊敬できそうか？」と常に意識して、理想の自分ならとるであろう行動を、自分で自分をリスペクトできるようになる行動をとり続けろ。

損得勘定とか抜きにして、この二つの指針に従って行動していけば自己肯定感は必ず高まる。理想の自分像に従わないということは、自分で自分を尊敬できなくなるような行動をとることは、自分自身に自分を嫌悪する機会を与えるも同然だと認識しよう。

この二つの指針が守れなくてもっと自己嫌悪……、みたいな感じで逆効果になっちゃう人は無理して100点を目指さないこと。なんとな〜く頭の片隅に置いといて、1日1ミリでも前進できればそれで100点満点です！　なんなら、たまには後退しちゃってもいいんです！　上がったり下がったりしながらもベクトルは成長に向いている、それが理想です！

理想の自分を体現するのは難しいし時に苦しいこともあるけど、自己肯定感はとても大切なので気楽にゆる〜く取り組んでいきましょう！

希望とは意志である

人生に希望が持てない人はこの3つ覚えといて。

①あなたが輝ける／楽しめる場所は必ずある。必ずだ。探す
　ことをやめるな

②人生は楽しむためにある。他の何をあきらめてもいいけど
　楽しむことだけはあきらめないで

③希望と勇気を持って行動を始めた瞬間に人生は輝きを取り
　戻す。明日は今日よりも必ずいい日になるよ。保証する

希望とは外部要因によってもたらされるものではなく内部要
因によって生まれてくるものです。希望とは意志であり、選
択であり、生き方なのです。あなたの人生が希望に満ち溢れ
たものになるよう願っています。あなたの人生に希望あれ！

メンタルに強いも弱いもない

メンタルが強いとか弱いっていう概念を捨てましょう。長時間労働、睡眠不足、仕事やプライベートのトラブルなどが積み重なっていけばどんな人のメンタルだって簡単に崩壊します。自分だけは例外だと思って油断しないようにね。がんばりすぎないようにね。「自分は根っから明るいから絶対に大丈夫！」と思ってた人が精神疾患にかかってきたのを俺は今まで何人も見てきたよ。とにかく自分を過信しすぎないこと。

食う。動く。遊ぶ。寝る。が最強のメンタル防衛策です。

食え！ 動け！ 遊べ！ 寝ろ！

そしてつらいときは休め！ 無理をするな！無理をしてでも休め！ あなたの健康より大切なものなどない！

今日も明るく元気に自分に優しくやっていきましょー！

072

嫌いな奴と楽しくない時間を過ごしてる時間なんて1秒もない

人生は短い。嫌いな奴と楽しくない時間を過ごしてるヒマなんて1秒もないぞ。

嫌いな奴のために時間を使えば使うほど好きな人のために使う時間が減っちゃうんだ。嫌いな奴とイヤイヤ時間を過ごしてるのと同じ時間で、好きな人と笑顔で超ハッピーな時間を過ごすこともできるんだぜ。どう考えても好きな人と楽しく時間を過ごしたほうがいいだろ?

貴重な時間は好きな人のためだけに使ったほうが100倍幸せな人生が送れるよ。嫌いな奴と無理してうまくやる必要なんてない。嫌いな奴はほっといて、好きな人を全力で大切にしましょう。

弱気な人こそ筋トレ

弱気な人は筋トレしましょう！

筋トレするとホルモンが分泌される影響だったり、純粋に力が強くなる影響だったり、確実に成長している自分を感じられて自己肯定感が増していく影響だったりでどんどん自信がみなぎってきて、「死にたい」が「殺すぞ」になり、「裏切られるのが怖い」が「裏切ったら潰すぞ」になります！

騙されたと思って筋トレしてみてください！

効果は保証します！

あなたも早くこっちの世界においでよ！

とっても楽しいよ！

 筋トレするなら「OWN.APP」がおすすめだ。
トレーニングから睡眠、栄養までアプリ1つですべてマスター。
あなた史上最高の健康と肉体を手にできる！

074

素直さは唯一無二の武器

成長スピードが速い人は良い意味でこだわりがない。間違いを指摘されたら素直に受け入れてスグに修正するし、自分のやり方や意見よりも更に良いやり方や意見があれば固執せずに素早く取り入れる。ブレないのは目標と信念だけで、やり方、考え方、意見などは超スピードで変化させていく。柔軟に変化できる人間が一番強い。

逆に、成長スピードが遅い人は悪い意味でこだわりが強すぎる。間違いを指摘されてもプライドが邪魔して素直に受け入れられないし、自分のやり方や意見よりも更に良いやり方や意見があっても自分のやり方に固執する。無意味なプライドや変なこだわりが強く、結果、成長機会を逃しまくる。

人の数だけ
正義がある

他人とモメやすい人はこの3つを意識してみて。

①自分が間違っているかもしれないと常に自分
　を疑うこと
②世の中には絶対的に正しい意見なんてないと
　認識すること
③正解はたくさんあり、一つじゃないと認識す
　ること

視野が狭い人、考えが偏っている人、他人とよ
くモメてしまう人はこの3点を認識するだけで
だいぶ改善するのではないだろうか。

シンプルな話、自分だけが正しいだなんて思い
込まないでね。人の数だけ正義があるよ。立場
や状況が変われば何が正義で何が正義じゃない
かなんて簡単に変わる。自分の正義のために戦
うことも大切だけど、相手もまた正義のために
戦っているという事実を忘れないでね。相手に
敬意と思いやりを持て接してね。正義の反対は
悪じゃない。正義の反対は別の正義。

076

休日は本気でダラダラしろ

休日は予定を入れないことが予定であり、自宅でダラダラ過ごすことそのものが予定であるからにして、予定がないからといって暇人と断定しないでほしいですよね。

予定を入れない予定が入っているのであり、決して暇ではなくスケジュールに一切の空きはないのだ。何にも縛られずノンビリ過ごすにはそれが一番なのだ。真剣にダラダラ過ごすとはそういうこと。

なんの予定も入れず、誰とも会わない、そんな一日を過ごせばHPもMPも一気に回復しますよ！

あなたも近々、何にもしないことを本気でする休日を過ごしませんか！

あなたは自由だ

覚えといて。あなたは自由だ。

今からギター始めて来月にバンド組んだっていいし、明日バンジージャンプ飛んでもいいし、来週からダンス始めて大会出場を目指したっていいし、来月から寿司学校に通って海外で寿司職人になってもいいし、ガッツリお金を貯金してヨーロッパ旅行に出かけたっていいし、昔あきらめた夢をまた追いかけたっていい。

あなたは自分で思ってるよりもずっとずっと自由なんだぜ。もし自分には自由なんてないと思ってるなら、あなたを縛り付けてるのはあなたの意識そのものなんだぜ。

意識が変われば世界が変わる。

自由に楽しくいこう。

現状に感謝して楽しむことを覚えよう

子供「勉強嫌い！ 大人になりたい！」
大人「仕事ムリ！ 子供に戻りたい！」

未婚「寂しい！ 結婚して落ち着きたい！」
既婚「自由がない！ 独身に戻りたい！」

都会「生活費高すぎ！ 地方に住みたい！」
地方「退屈すぎる！ 都会に住みたい！」

これは人間の特性なんだけど、我々はちょっと油断するとないものねだりをしてしまいます。今の状況にも良いところはあるはずなのに、〝あるもの〟よりも〝ないもの〟ばかりに注目して不満を覚えてしまいます。それじゃあいつまでたっても幸せになれません。ではどうするか？ 感謝です。現状に感謝する習慣をつければ不満が減ってたくさんたくさん幸せを感じることができるようになります。今いる現状に感謝して楽しむことを覚えましょう。

失敗に対する
認知を変えろ

矛盾してるように聞こえるかもしれないが、失敗が怖い
人こそ挑戦の数を増やせ。失敗を怖がっている人はたっ
た一回の挑戦に失敗すると思うから怖いんだよ。挑戦の
数を増やせば増やすほど失敗一回のダメージは減る。

ちょっとイメージしてみてほしい。必ず仕留めたい獲物
がいて、あなたの手には銃弾が一発だけ入った銃がある
としよう。外したら襲いかかってくるかもしれない。撃
つのめちゃめちゃ緊張するよね？　次にこれもイメージ
してみてほしい。必ず仕留めたい獲物がいるのは変わら
ないんだけど、あなたの手には銃弾がたっぷり入ったマ
シンガンがある。マシンガンだったら豪快に気兼ねなく
ぶっ放せそうだよね？

挑戦の数＝銃弾の数だ。

失敗が怖い人は挑戦の数が足りない。

失敗が怖い人こそ挑戦しまくれ！

080

人を信じることを
あきらめちゃいけない

信じてた人に裏切られても悲しむ必要なんて一切ないぞ。むしろ、早い段階でそいつが人を裏切るようなクズ野郎だと気づけて良かったと思うべきだ。そんな奴と仲良くしてても意味がないし、早く縁が切れてラッキーと思って秒速で忘れて楽しく生きよう。そんなクズ野郎のためにあなたは傷つくべきじゃないし、怒るべきでもない。一刻も早く忘れるんだ。

そして、人を信じることをあきらめちゃいけない。世の中には信頼に値する人間は必ずいる。信じることをやめたら騙されることもないけど、信じることをやめてふさぎ込んでいては良い交友関係は絶対に築けない。悪いものを避けるがために、良いものまで避けてしまっていたらもったいない。

それでもやっぱり人を信じるのが怖いって？　安心しろ。俺から素晴らしい提案がある。人を信じるのが怖いのはあなたが人に依

存しすぎだからだ。他にもっと信頼できる依存先を作っておけば、人に裏切られたときのダメージも少なく済む。

そこで筋トレだ！

筋肉は絶対にあなたを離れないでいつも一緒に居てくれるし、世界経済が破綻しても筋肉はなくならない。恋人にフラれた30分後でもジムに行けばダンベルちゃんとバーベルちゃんが待っててくれるし、ダンベルちゃんとバーベルちゃんはいついかなるときも変な気は使わないで変わらず（重さ的な意味で）あなたと接してくれる。裏切り者を筋肉を使って葬り去ることもできる！

ちょっと筋トレ行ってくる！

理解されたらおしまい

「何目指してんの？」
「頭おかしいんじゃないの？」
って言われるぐらいでちょうどいいんだぜ！

普通の人には理解不能な圧倒的情熱があるから
普通の人では手に入らない専門性が手に入る。
普通の人では手に入らない成功が手に入る。
「何目指してんの？」「頭おかしいんじゃない
の？」は最高の褒め言葉だ。むしろ、理解され
たらおしまいぐらいに思っとくぐらいでいいよ。
理解なんて求めるな。頂を目指せ。狂え。ただ
ひたすらに突き進め。

人間関係は距離感がすべて

人間関係において最も大切なのは距離感の設定だ。友人としては最高だけど仕事相手としては最悪。知人としては最高だけど深く付き合うと超めんどくさい。恋人としては最高だけど結婚したらイメージと違った。なんてことが多々ある。その人の良い面だけが自分に向く距離感を見極めてお付き合いすることができれば良好かつストレスフリーな人間関係が築けるが、距離感を見誤るとケガする。

補足すると、人間関係において相手の人格はめちゃくちゃ重要だけど、それと同じぐらい大切なのが自分と相手との関係性。誰かとうまくいかないときは相手を全否定するのではなく、相手との関係性や距離感を見直してみると相手の良いところが見えてきてうまくいくかもしれません。相手には良い面もあるはずなのに、相手の悪い面ばかり見てその人を見限ってしまうのはもったいないと思います。

我慢は悪

自分さえ我慢すれば丸く収まるとか思って我慢したら絶対にダメだよ。

他人はあなたの幸せのためには動かない。人間はみんな自分の幸せのために動く。よって、他人の幸せを優先していると自分の幸せは一生回ってこない。自分の幸せを第一に考えて行動できるのは地球上にただ一人、自分だけなんだ。

自分の幸せを最優先に考えてあげないと自分がかわいそうでしょう？　覚えておいて。自分の幸せを優先することはワガママなことではなく義務だ。あなたには幸せになる義務がある。幸せになってね。いつも笑顔でいてね。

ありとあらゆる事象は
ノープロブレム

「運命の人だ！」と思う人にフラれても大丈夫だし、「これに人生を懸けたい！」と思うことができなくなっても大丈夫です。

その瞬間は人生オワッタ……と感じるかもしれないけど、世界はめちゃ広いし人生はめちゃめちゃ長いので、前向きに生きていればまた必ずもっと良い人に、もっと夢中になれるものに出会えます。

保証します。大丈夫です。だから絶望しないで。いつまでも下を向いていたら次の良い人や夢中になれるものが目の前にあるのに気づかずに通り過ぎちゃうかもよ。100% 見つかるから明るく元気に前を向いていきましょー！

085

思いやりと想像力が一番大事

「ご苦労様ですと目上の人に言うのはおかしい」とか、「なるほどですねという言葉遣いは失礼」とか、ハンコを押す角度とか、そんな揚げ足取りみたいなマナーはどうでもいいから、「メールで済む案件で電話しない」「ググって1ページ目に出てくる情報は聞かない」みたいな本質的なマナーが定着してほしいですね。

もっと言うと、「メールで済む案件で電話しない」「ググって1ページ目に出てくる情報は聞かない」というのは結局のところ、「相手は今作業中かもしれないから電話したら迷惑かな?」「相手の貴重な時間を使わせたら申し訳ないからググって1ページ目に出てくる情報なら自分で調べよう」という相手への思いやりと想像力を働かせれば自ずと導き出される行動であり、その思いやりと想像力って奴は型にハマったマナーよりも何十倍も何百倍も大切だと思うのです。

思いやりと想像力をフル稼働させて生きていきたいですね。

親切心で殺す

悪口陰口嫌がらせに反応するな。もっと言うと、
1ミリも気にしてないそぶりで、笑顔で優しく接
してやれ。品格の違いを見せつけてやるんだ。あ
なたが受け取らなかった悪意はそれを発した人の
元へ戻っていく。アメリカではこれを

Kill with kindness ＝親切心で殺す

と言う。あなたが感情を乱さなければ、そいつは
自分が相手にされてないと感じて惨めな思いをす
る。自分の品格を一切落とさずに格の違いを見せ
つけて相手にダメージを与えるとか、これ以上に
痛快な仕返しがあるだろうか？　いや、ない。

親切心で殺せ。

休みの日をどう過ごすか？
この質問で
勝ち組か負け組かわかる

お休みの日、あなたはだいたい何をしてる？
この質問であなたの今後の人生がわかる。

ハッキリ言わせてもらうが、ダラダラしてる奴は話にならない。
周りが休んでるときにこそ努力して差をつける、これは勝ち組の
常識だぜ？　あなたは何してる？　自分の胸に手を当ててよーく
思い出してみな。何も生産的なことやってないなら反省したほう
がいいぜ？　参考になると思うから俺のとある休日の過ごし方を
載せておくな。

6：00 起床
6：10 〜 8：00 パンダの赤ちゃんや子ネコの動画を観る
8：00 朝食
8：10 〜 10：00 ゴマフアザラシの赤ちゃんや柴犬の動画を観る
10：00 筋トレ
12：00 プロテイン
13：00 スイーツビュッフェ
16：00 帰宅してひたすら韓国ドラマを観る
眠くなったら寝る

088

人間の本質は行動にのみ現れる

言葉ではなく行動で人を見極めろ。口では立派なことを言ってるくせに、やってることは全然違う奴のなんと多いことか。

行動を見れば一目瞭然なのに人はついつい聞き心地の良い言葉のほうを信じちゃう。だから騙されるし傷つけられる。騙されないためにも、〝人間の本質は行動にのみ現れる〟と心に刻んでおいてくれ。

口だけならなんとでも言える。言葉ではなく行動のみを信じろ。不倫してる奴の「愛してる」とか、努力してない奴の「夢を叶えたい」とか、そんな言葉には1円の価値もねえ。

言葉と行動が一致してない矛盾人間には気をつけるようにな。

089

人として正しいことをする

挨拶を無視されるのが怖くて挨拶できないって人が多いけど、そんなん気にせず挨拶したらええんやで！　挨拶をするまでがあなたの仕事で、返事をするのは相手の仕事。返事するか否かを判断するのは相手の仕事なのであなたが気にすることじゃない。相手の反応にかかわらずあなたは人として正しいことをすればいい。

正しいことをすれば爽やかな気分でいられる。挨拶は良好な人間関係やその場の良い雰囲気作りの基本です！　返事があろうがなかろうが元気にハキハキ挨拶していきましょー！

動け
ナウ

やりたいことやれ。なりたい自分になれ。体力と気力
があるうちに今スグだ。

世の中やったもん勝ち、動いたもん勝ちだ。やらない
と楽しめないし、動かないと何も起こらない。世界は
あなたの想像よりもずっと残酷で、そしてずっとずっ
と素晴らしい。世界は行動した人間にしか素晴らしい
一面を見せてくれない照れ屋さんなんだ。世界の素晴
らしい一面を見たけりゃやりたいことやれ。動け。

あなたが何をするにせよ、最高にうまくいくことを
願ってるぜ！

人生
幸せになったもん勝ち

めちゃめちゃ大切な話をします。

お世話になった人への最高の恩返しはあなたが幸せになることだし、許せない奴への究極の復讐もまた同様にあなたが幸せになることです。

余計なことは考えなくていいからとにかく幸せになってください。幸せになることに集中して生きていればその過程ですべてのことが解決します。

あなたは幸せになるために生まれてきたんだよ。そうじゃない人なんて地球上に1人も存在しない。

どうか幸せになってください。

約束ね。

初心者≠嘲笑の対象
初心者＝尊敬の対象

初心者をバカにするな。何かがうまくできない人をバカにするな。新しいことや苦手なことに挑戦してる人のどこにバカにする要素がある？　むしろ超カッコいいだろ。せっかくがんばろうって気になってる人を傷つけてやる気を削ぐような真似はやめようぜ。

初心者がダメなら地球上の人間誰も何も始められんねーじゃねーか。誰だって最初は初心者だし、最初からうまくできる人なんていない。初心者であることも何かがうまくできないことも恥ずべきことじゃない。いや、むしろ挑戦してる自分を誇るべきだよ。誰が何と言おうと挑戦してる人はカッコいい。超カッコいい。異論は認めない。

初心者の諸君！　何か新しいことを始めようとしているそこのあなた！　めちゃくちゃカッコいいぞ！　応援してる！

P.S.
筋肉も超カッコいい。

第4章

093

火のない所にも煙は立つ

火のない所に煙は立たないとは言うけれど、現代は火のない所に煙が立ちまくる時代だ。個人が情報発信できるようになった今、火なんかよりもよっぽど悪意のほうが怖い。嘘の話をでっち上げるなんて簡単にできるし、真実か否かは関係なくその話が面白ければ SNS で一気に拡散されてしまう。自分の目で確認するか裏を取るまでは話半分に聞いておこうね。変に面白がって拡散したりしないようにしようね。拡散するだけでも訴えられる可能性があるし、そもそも噂話が蔓延してる SNS なんて治安が悪すぎてみんなにとっても居心地良くないよね。噂話されてる本人は傷つくし、なんなら人生狂っちゃうかもだしで、本当に良くない。

逆に、変な噂を広められてしまった場合は、実害がなければほっとくのが最善の策だし、実害があれば速やかに法的処置をとるのをお勧めします。現代に生きてて、かつあなたの生き方がある程度目立つ生き方の場合、変な噂をされることを避けるのは極めて難しいのでいちいち気にしてたら病んじゃうし、実害がある場合はさっさと弁護士さんにその案件を丸投げして心理的負担を減らしちゃいましょう。

目指せ、治安の良いインターネット！

元気が出ないときに試すべき行動8選

元気が出ないときはこんな感じの生活を1週間ほどしてみてください！

①毎日7時間寝る
②週2回運動する（お散歩でOKです）
③午前中に日光を15分ほど浴びる
④食生活を整える
⑤自然に触れる機会を増やす（森や海を眺めるだけでもOKです）
⑥誰かと触れ合って幸せホルモンオキシトシンを分泌する（猫カフェでもOK）
⑦お笑いやコメディを見て笑う
⑧何をやっても元気が出ないときは、そんなときもあるさと開き直る

それができたら苦労しないよって思うかもしれないけど、効果抜群なのでぜひやってみてね！

謙虚は自信の進化系

謙虚になるな。謙虚になるのは自信がある人だけでいい。自信をつける前に謙虚になってたらそれはただの自分を過小評価してる人だぞ。それは謙虚じゃなくて卑屈って言うんだ。自信がつく前に謙虚（卑屈）になってたら自信なんて一生つかないよ。謙虚ってのは自信の上位交換だ。自信がない人は謙虚にならなくていい。っていうか、自信がない人は謙虚になったらいけません。アメリカでは、

Fake it till you make it.
成功するまでは成功しているフリをしろ。

っていう言葉があるんだけど、この姿勢って超大切で、自信がつくまでは自信があるフリをしてちょうどいいぐらいだ。ずっとフリをしてるとそれがそのうち日常となり、本物の自信となり、ここまできてやっと謙虚になる準備が整う。

謙虚（卑屈）になるな。

敬意と尊敬は別物である

他者と接するときは敬意を忘れないでね。尊敬できない人がいるのもわかる。めっちゃわかる！　だが、敬意と尊敬は別物だ。

尊敬はできなくても最低限の敬意は払える。

「考えは違うし尊敬もできないけど、この人にもこの人なりの考え方や正義があるんだよなぁ」と認識して、相手の尊厳を尊重し、見下さず、敬意と共に接する。これ、めちゃめちゃ大切です。

尊敬しろとは言わない。だが敬意は払おう。

気分が上がると
運気も上がる

気分の上がるもので生活を満たそう。やってて楽しいことがあるならとことんやろう。持ってて嬉しい物があるなら迷わず買おう。

気分ってめちゃくちゃ大切で、内容が同じ1日でもイライラして過ごすのと気分良く過ごすのではまったく違う。しかも、人間は気分が良くてハッピーなときのほうが脳の機能が上がってパフォーマンスが向上することもわかっている。気分を上げるためなら時間もお金もガンガン投資しちゃおう。気分良くやってれば人生はうまくいくぞ。

098

人の幸せを祝福する

人の幸せを一緒に喜んであげられる人になろう。それができれば人の数だけ喜べる数も増えて、他の人に良いことがあるたびに自分も幸せになれる。

幸せってすぐに慣れちゃうし、自分のことで幸せになるには限界があるけど、他人も巻き込めば限界などなくただひたすら幸せになれる。

しかもしかも、人の幸せを心から願える人はたくさんの人から好かれるので素晴らしい人間関係にも恵まれる。逆にそれができない人は人の数だけ嫉妬の数が増えて、他の人に良いことがあるたびに惨めな思いをするハメになる。そして当然、人の幸せに対して嫉妬してしまう人はあまり好かれないので良い人間関係に恵まれない。この差はめちゃめちゃ大きい。

どうしても人の幸せを喜べないときってあると思うけど（僕も全然あります！）、せめて喜んでるフリぐらいはしてあげるといいと思うよ！ 幸せは幸せを呼ぶので、ハッピーなフリをしていたらそのうちハッピーになれます！ 保証します！

泣かない赤ちゃんはミルクをもらえない

イヤなことはイヤだと言え！　欲しいもんは欲しいと言え！

他人に遠慮しないで自分の気持ち、欲求に素直になるのだ！

他者を思いやれるあなたの優しさは素敵だ。めちゃくちゃ素敵だ。が、どうかその優しさをどうか自分自身にも向けてくれ。自分の幸せのために主張すべきときは主張していかないと損ばかりの人生になってしまうぞ。

泣かない赤ちゃんはミルクをもらえない。

人間関係よりも
筋肉関係

人は裏切る。裏切るというか、人は基本的に利害関係の一致で一時的に共存してるだけでそれを信頼関係とか表現するからややこしくなる。

人間関係なんて 95% が利害関係の一致で成り立ってるので、ウィンウィンの状態でなけりゃどこかで関係が崩れて当然だ。一方がめっちゃ損してて、もう一方がめっちゃ得してる場合、そしてそれが一時的ではなく長期で続く場合、それはもはや信頼関係ではなくただの搾取関係でしょ？

人間関係は信頼関係ではなく利害関係で成立する。裏切らないのは筋肉だけ。

筋肉は裏切らない！

101

筋トレはすべてを解決する

太った→筋トレ
痩せにくい→筋トレ
疲れやすい→筋トレ
モテない→筋トレ
不健康→筋トレ
自信がない→筋トレ
自尊心が低い→筋トレ
不安→筋トレ
メンタル不安定→筋トレ
ストレス過多→筋トレ
友達いない→筋トレ
腰痛肩こり→筋トレ
活力がない→筋トレ
なめられやすい→筋トレ
説得力ない→筋トレ

筋トレはすべてを解決します！　マジです！

筋トレするならOWNアプリ一択！
筋トレ機能はずっと無料で使えるから安心して使ってくれ！

自分の
最大のライバルは自分

他人と自分を比べるな。上には上がいる。そのクセを
直さないと今後ずっと焦りや劣等感に悩まされる人生
になっちゃうぞ。才能もがんばってきた時間も違う他
人と自分を比べたって何の意味もない。自分と何かを
比べたいなら、他人ではなく過去の自分と比べろ。過
去の自分なら努力すれば必ず超えていける。過去の自
分を超えることにのみに集中して生きていけば、確実
に成果が出るし成長もできるので、とてつもなく充実
した日々が送れることを約束しよう。

超えるべきは昨日の自分。
自分の最大のライバルは自分。

今日も自分とバトっていくぞ！（とはいえ、毎日やっ
てるとそれはそれでつらいし焦っちゃうので3か月ス
パンぐらいで見ていくといいと思うぞ！　長期的に見
て成長曲線に乗ってればそれで100点満点だ！）

103

速報です！ 自分が幸せになることに集中
して生きればその過程ですべての問題が解
決することが改めて再発見されました！

お世話になった人への最大の恩返しも、

許せない奴への究極の復讐も、

一度きりしかない人生を有効活用するのも、

すべてはあなたが幸せになることで一挙に
片付きます！

人生は楽しまなきゃ損！

ゴチャゴチャ余計なこと考えなくていいか
らとにかく幸せになれ！

推し活は正義

人生が楽しくない人は推し活しましょう！

①推しが尊すぎて毎日が楽しい
②同じ推しが好きな最高に気の合う友人ができる
③推しのがんばりを見てると自分のやる気もアップする
④恋人にフラれても推しがいるからノープロブレム
⑤怖い上司や取引先と話してる最中も推しのことを考えて
　ればノーダメージ

以上の理由から人生が楽しくなるよ！

推しが見つからないって？

そ、それなら俺のことを推してくれてもいいんだぜ……？
愛のあるメッセージ待ってるな！

←Testosteroneにメッセージを
　送りたければこちらからどうぞ！

希望を捨てるな
絶対に捨てるな

人の心が折れるのはつらく苦しいときではなく
希望を失ったときだ。

希望さえあれば人はどんな状況でも耐え抜ける
が、希望を失ってしまうと人はあっけなく崩壊
してしまう。

人生を悲観するな。希望を絶対に捨てるな。明
日が今日よりも良くなると保証することはでき
ないが、希望を持って生きていればいつか必ず
幸せになれるときがくるというのは保証できる。

希望を持って生きている人間の未来は明るいの
だ。100% 明るいのだ。未来は確実に今より良
くなる。どうか希望を捨てず今を生きてくれ。
どうか幸せになってくれ。約束だぞ。

仏の顔は
二度までで十分

イヤなことされても1回目は許せ。2回目で警告しろ。
3回目で殴り返せ。

1、2回は許してやればいいが、優しさは弱さと勘違い
されやすいので2回目で警告、3回目で殴り返さないと
永遠にやられ続けることになる。優しさだけじゃ生きて
いけない。時には鬼となれ。仏の顔は2度までで十分。

ちなみに、1回目から殴り返すのはオススメしません。
1回目から殴り返してるとトラブルが絶えないし、好戦
的な人は煙たがられます。やはり1回目は笑顔で許す。
2回目はしっかり警告する。3回目でキッチリ殴り返す
ぐらいのバランスが理想です。

ちなみにちなみに、筋トレして筋肉をつけておくと「コ
イツは怒らせたら怖そうだ……」と思わせることができ
てイヤなことをされる回数が飛躍的に減ります! 筋ト
レしましょう! 筋肉は裏切らない!

107

他人にゴチャゴチャ
言われたときは
↓をコピペして
送りつけてやりましょう

○○さまへ

あなたにどう思われようと何を言われようと私は1ミリ
も興味がありません。相手をする気はありませんのでど
うかあなたもご自身の貴重な時間を無駄にせぬよう私と
関わらないでください。お互い干渉せず、お互いそれぞ
れの道で幸せになりましょう。失礼します。

××より

他人にゴチャゴチャ言われたときや、知らない人に批判
されたときはコレで終わらせてOKです！

自信がある人ほど……
自信がない人ほど……

自信がある人ほど謙虚で静かだ。自分に実力があると知ってるから他者に対してわざわざ偉そうに振る舞う必要がない。

自信がない人ほど横暴でうるさい。自分に実力がないとわかってるからなんとか自分を大きく見せようと他者に偉そうに振る舞って実力があるフリをする。

ってかいちいち俺様にこんなこと説明させんじゃねーよ！　ちゃんとメモっとけよな！　もう二度と俺に同じこと言わせんじゃねーぞ？　俺は忙しいんだよ！

109

仲間探しは後でやれ

やり始める前から仲間を探すな。仲間ってのはやり始めた後にできるもんだよ。

ルフィやサトシだって自分の村から出なければただの少年だ。だが彼らは世界に出た。やりたいことをやった。目標に向けて突き進んだ。だから仲間が集まった。応援してくれる人もできた。逆の立場になって考えてみてよ。まだ何も行動してない口先だけの人が仲間だけ募集してたらその人の仲間になろうとか思うか？　その人を応援したいって思うか？　思わないよね。

仲間を探す前に、仲間ができないことを悲しむ前に、まずは自分が率先して行動しようぜ。冒険しようぜ。

懸命に生きてるあなたは
人生の勝者である

失敗ばかりの人生かもしれない。思い通りにいかないこともたくさんあるだろう。それでも俺は懸命に生きてるあなたを心から誇りに思う。成功するもより勇気を出して挑戦する姿勢が大切。たくさんお金を稼いだり社会的な地位を手に入れることよりも誠実にひたむきに生きる姿勢が大切。そんなふうに生きてるあなたの幸せを俺は心から願ってるよ。

失敗ばかりだっていい。

思い通りにいかないことばかりだっていい。

懸命に生きてるあなたは勝者だ。

俺の目にはあなたが輝いて見えてるぜ。本当だ。

111

1人でも楽しめるなら
それが最強

悩みの9割は人間関係から生まれる。つまり、1人でも楽しめるならそれが最強である。

1人でも楽しめる趣味はマジで大切だし人生を豊かにするからなるべくたくさん持っておこう。寂しい人だと思われても関係ない。1人でも楽しめる世界があればそんなことは気にならなくなる。他人にどう思われるかとかどうでもよくなる。なんてったって1人でも楽しめるんだからね。これぞ最強の自立だよ。人付き合いも大切だけど、それと同じぐらい1人の世界も大切だよ。

ちなみに、俺は人生において深く関わる人間は少なければ少ないほどいいし、そっちのほうが精神が安定すると思ってるんだけど、友人の精神科医の先生と話してたら、「基本的に精神症状は関係性や社会的文脈の中で生じます。したがって、極端な話、無人島で生まれ育った場合は精神症状などありません」と言ってて、やっぱりねって思ったよね。

もっと気軽にやめたっていい

「始めたことは最後までやる」を美徳として「途中でやめる」をよしとしない日本の文化も美しいんだけど、もっと気軽にやめてもいいと思うよ。ってか、やめたいなら今スグにでもやめるべきだよ。やめないことが賛美されすぎだ。

石の上にも三年とは言うが、変化の早いこの時代に石の上に三年もいたら文字通り世界が変わっちまうぜ。それに、やりたくないことやってたらやりたいことができなくなっちゃうだろ。新しいことを始めるには今やってることをやめなきゃいけないんだ。人生は短い。やりたくないことやってる時間なんて一秒もない。

やりたいことやって幸せになろうぜ！

113

深刻な状況のときほど
笑顔が大事

これはあまり知られてない事実なんだけ
ど、深刻な問題を解決するためにあなた
自身が深刻になる必要はないんだよ。む
しろ真逆。どんな深刻な状況でも笑顔と
ユーモアを忘れず気楽にやったほうが何
事もうまくいく。

だからどうか肩の力を抜いて。深呼吸し
て。温かい飲み物でも飲んでホッと一息
ついて。気楽にいこうね。この世になん
とかならないことなんてないからね。絶
対になんとかなるからね。

忠誠心を誓うな

あなたを大切にしてくれない人や組織から離れて、あなたを大切にしてくれる人や組織に移ることに後ろめたさを感じる必要なんて1ミリもないからね。大切にされない期間が長く続くと自己肯定感がすり減ってしまい人生が狂う。その環境を離れるのは正当防衛だから罪悪感なんて一切抱かなくていい。相手の都合とか気にせずさっさと離れよう。

覚えといて。忠誠心ってのはあなたを現在進行形で大切にしてくれている人や組織に対してのみ持つべきもので、あなたを雑に扱ってくる連中に忠誠心なんて持つ必要はないんだよ。

115

悪口 噂話 愚痴は 己を破滅に導く

悪口、噂話、愚痴は自分を滅ぼすよ。

ネガティブな言動が多いとまず周りの人に嫌われる。で、ポジティブな人はあなたの周りから去っていきネガティブな人だけが残るから身の回りの人が負のオーラを持った人ばかりになる。最後に、悪口噂話愚痴ばかりの自分に嫌気がさして自分で自分を嫌いになってしまう。

悪いことは言わないからネガティブな感情が湧いてきたら筋トレしよう。筋トレすれば汗と一緒にネガティブな感情も流れ出ていってスッキリするから。悪口噂話愚痴が言いたくなるたびに筋トレしてれば人生は100倍楽しくなるから。ってか、人生楽しくなっちゃう上にカッコいい／セクシーな肉体まで手に入るとか完璧すぎない？ 筋トレは裏切らない！

筋トレ！ 好きだっ！ 愛してる！

やる気が出ないときは
チャンスタイム

やる気が出ないときはチャンスだよ。やる気が
出ないときは、「やる気がなくても機械のごと
くやる」練習ができる。やる気があるときはこ
の練習はできないからね。で、この能力があれ
ば無敵になれる。

やる気なんてあってもなくても関係なく努力で
きる人間になれば何やっても大成功間違いなし
だ。これはやる気がないときしかできない最高
にやりがいのある練習だ。心の鍛錬と言っても
いい。何か目標があってそれを叶えたいなら、
やる気なんかに自分の行動をコントロールされ
てる場合じゃないのだ。

補足だけど、あまりにも頻繁にやる気が出ない
なら疲労が原因かもしれないので、7時間睡眠、
栄養たっぷりの食事、お散歩などの運動をしば
らく続けて回復に努めてね。目標そのものを変
えてみるのも一つの手だ。ただ、強烈に叶えた
い目標は決まってるにも関わらずやる気が出な
いなら、機械のごとくやるしかない。

117

褒めて
褒めて
褒めまくれ

人を褒めまくりましょう。褒められた人は嬉しいし、そこが自分の強みだと認識するのでその強みに磨きがかかります。そこでまた褒めると、もっともっと自信がついて更に強みに磨きがかかり圧倒的成長サイクルに入ります。褒め続けることで人はドンドン輝くのです。褒める＝磨くなのです。周りの人をとにかく褒めまくりましょう。

それに何より、褒められると嬉しいじゃん？　喜んでもらえたら褒めたほうも嬉しいじゃん？　人間関係が良くなるじゃん？　褒めないっていう選択肢なくない？

褒めて、褒めて、褒めまくろうぜ！

やりたいならやれ やめたいならやめろ

やりたいと思ったその瞬間がやり時で、やめたいと思ったその瞬間がやめ時だ。めちゃくちゃシンプル。日本ではやめる＝逃げるっていうイメージがあるのでなかなかやめにくいけど、そんなこと気にせず「違うな」と思ったらスパッとやめちゃっていいよ。短い人生だ。やりたいことを我慢してる時間もやりたくないことをやってる時間もねえ。

やりたいと思ったらやれ！
やめたいと思ったらやめろ！

長く考え込んだって未来はわからないんだから、自分の直感を信じて動いてみるのもアリだぞ！

ただし、仕事を辞めるとか離婚をするみたいな取り返しがつかないものに関しては、影響範囲をしっかり考えて慎重に決断するように！　じっくり考えてもやはりそうしたいなら迷わずGOだ！退職も離婚もネガティブなイメージがあるかもしれないけど、その決断がより良い未来に繋がるのであれば超ポジティブなムーブだと俺は思うぞ！

人生がつらいときは期間限定で幸福の基準値を下げろ

人生がつらいときは期間限定で幸福の基準値を思いっきり下げちゃおう。幸福に対する感度をバリバリに高めるとも言える。

「生きてる！ラッキー！」
「住む場所があって毎日ご飯が食べられる！　幸せ！」
「今日も推しが尊い！　ネコが可愛い！ハッピー！」

ぐらいの感覚に調整するのだ。そうやって前向きに生きてれば人生は必ず好転する。笑顔を忘れず乗り越えていこうね。

自宅で悩むな
オフトンの上では
絶対悩むな

そのまんまだ！　自宅で悩むな！　オフトンの上では絶対に悩むな！　自宅はくつろぐ場所でありオフトンは地上の楽園だぞ！　自宅とオフトンですらリラックスできなかったらあなたはどこで癒やされるの？

おうちに帰ったらその日にあったイヤなことも未来にある気が重いこともすべて忘れて全力でリラックスしろ！ふかふかのオフトンでグッスリ眠れ！

難しいと思うけど、こればっかりは覚悟を決めてやり抜くしかないぞ！

何もしてないとどうしても悩んじゃうと思うから、映画を鑑賞するとか、ゲームをするとか、推しの動画を見るとか、筋トレするとか、なんでもいいからおうち時間を充実させる趣味を見つけるのがオススメだ！

ちなみに、夜寝る前は読書が圧倒的に優秀だぞ。寝る前のゲームや動画鑑賞はブルーライトのせいで睡眠の質が下がっちゃうので、部屋の明かりを暗くして読書 or 真っ暗な部屋で電子書籍リーダーのライト弱めにして読書が最強です。あと、スマホやタブレット、PC なんかだと連絡が来ちゃうのも良くない。本当に良くない。

121

「○○が好き！」と言ってれば気の合う仲間が集まってくるし、「人生めっちゃ楽しい！」と言ってれば人生を楽しんでる人たちが寄ってくる。ポジティブな発言はポジティブな人たちを引き寄せてハッピーな環境を創り出す。

逆に、「○○が嫌い！」と言ってれば文句ばかり言う連中が集まってくるし、「人生クソつまらん！」と言ってれば人生を楽しんでない人たちが寄ってくる。ネガティブな発言はネガティブな人たちを引き寄せてアンハッピーな環境を創り出す。

ポジティブ発言を心がけて、ネガティブ発言を控えるだけで人生は自然と上向く。ポジティブ思考のみでは不十分。ポジティブ発言をして、ネガティブ発言を封じ込めることが大切。

「親切」という名の
日常に潜む
依存性の高いドラッグ

身近な人に親切にするときは注意が必要だ。親切には中毒性があって、ドラッグの売人がドラッグの供給をやめたら怒り狂う客がいるように、親切をやめたら怒り狂う人もいる。親切にされると人はその親切に依存し始め、いつしかその親切を当たり前だと思うようになり、親切をやめると文句を言われたり恨まれたりすることがある。

あと、単発の親切ならいいけど、継続的な親切もオススメしない。継続的な親切は人の成長の機会を奪ってしまう。あなたが親切にしなかったらその人はどうにかして自分で解決して成長できたかもしれないのに、その親切があったせいで甘えてしまって人としてダメになっていく可能性がある。親が子供を甘やかしすぎると子供がいつまでたっても自立しない構造と似ている。

親切、難しいね。

親切の用法用量には注意しましょう！

123

Live as if you were to die tomorrow

明日死ぬと思って生きろ！　やりたいことがあるなら
今スグやれ！　旅行に行きたいなら行け！　感謝を伝
えたい人がいるなら伝えろ！　好きな人がいるなら告
白しろ！　挑戦したいことがあるなら挑戦しろ！　明
日死んでも後悔がないぐらいすべてをやりきれ！

行動に移すのには勇気がいるし痛い目も見るかもしれ
ないけど、やらなかった後悔のほうがやった後悔より
もはるかに強烈だぞ！

この世に未練は残すな！

やれ！

第5章

無理して人付き合いしない

必死で繋ぎ留めないと切れてしまう関係に価値などない。簡単に切れる関係ならその程度の関係ってことだ。いつかは消滅するであろう関係のために頭を悩ますのも無理をするのもアホらしい話だ。

どうせ無理は続かない。そんなもんスパッと断ち切っちまえ。去っていく人はほっといて身の回りにいる人を大切にしよう。人は本来あなたが持っている魅力でしか縛れない。

ちなみに、ただなんとなく嫌われたくないとか、仲間はずれにされたくないみたいな消極的な理由で無理するのは推奨しないけど、「この人のために変わりたい」と思える心から尊敬できる相手と出逢えたら無理するのも悪くないと思うよ。嫌われたくないという恐怖心から無理をするのはオススメできないが、新しい自分を手に入れるために無理をするのは最高だ。人はそれを成長と呼ぶ。

人格否定は
受け入れるな

覚えておいてください。あなたの人格を否定してくる人間は総じて最低です。奴らに何を言われようと真剣に受け取ったらダメです。絶対にダメです。そういう人に出会ってしまったら速攻で離れてください。お付き合いやめてください。で、二度と連絡しないでください。連絡がきても無視してください。一緒にいると自己肯定感や自尊心など大切なものをぶっ壊されます。

あなたの人格を否定できる権利を持った人間なんてこの世には存在しません。あなたの人格に問題があるのではなく、他人の人格を否定してしまう人たちの人格に問題があるのです。人格を否定してくる人に遭遇したらただちに避難してくださいね。

寝る前の感謝＝幸せ習慣

夜寝る前にお布団の中でやってほしいことがある。感謝だ。2〜3分でいいから、寝る前にお布団の中で感謝するんだ。家族、友人、健康、推しなど、感謝する対象はなんでもいい。一日の終わりを感謝という温かい感情で満たしてやるんだ。

心の中で思ってもいいし声に出してもいい。これをやると自分がいかに恵まれているか気づけて、自分の人生も悪くないなと思えて、とっても幸せ＆温かい気持ちでぐっすり眠れる。めちゃくちゃいいから騙されたと思ってやってみて。あなたが今晩スーパーウルトラ気持ちよく眠れるよう祈ってるね！

疲れたら誰だって心に余裕がなくなる

些細なことでイライラする。心が狭い。人に優しくできない……。そんな自分がイヤって思ってるそこのあなた！　それってあなたの性格の問題じゃなくてただ単に疲れてるだけだよ！

疲れたら心に余裕がなくなっちゃうのは当たり前。俺、あなたが本当は心優しい人だって知ってる。そもそも心優しい人じゃないと自己嫌悪にすら陥らないからあなたは間違いなく心優しい人だ。心が綺麗な人だ。

今は一時的に疲れや周りの環境があなたにそうさせてるだけ。で、そんなあなたに必要なのはおいしいご飯とたっぷりの睡眠だ。今夜はおいしいもの食べてグッスリ寝てね。週末も栄養あるもん食べてガッツリ寝て回復してね。

あなたの疲れがぶっ飛んでどっか行っちゃうように願ってるぜ！

128

やりたくないなら
キッパリ断る

やりたくないことはやりたくないとハッキリ断れ。相手に申し訳ないなんて思う必要は一切ないぞ。あなたがイヤだと思うことをお願いしてきてる時点で相手はあなたの都合なんてこれっぽっちも考えてないんだから、あなたも相手の都合なんて気にせず断ったらいいよ。そういう奴は一度安請け合いすると今後ずっとあなたを利用しようとしてくるよ。キッパリ断れ。

少し話が脱線するけど、"断る"ことについてもう少し深く考えてみよう。"断る"にはどうしても相手に対して申し訳ないという気持ちが付随するので、"断る"には心理的コストがかかるというのは同意してもらえると思う。ノーと言うのが苦手な人にも得意な人にも必ずこの心理的コストが発生する。世間では、「お願いするだけタダだから聞いてみよう」的なことが言われることもあるが、実は相手に無理なお願いをする際、相手は断るために心理的コストを支払っており、結果、あなたは自分が相手から嫌われてしまう／今後避けられてしまうというリスクを支払っていることになる。お願いはタダではないのだ。以上、断ること、無理なお願いをすることについての考察でした。

129

筋肉は裏切らない

日本の GDP が世界に占める割合はどんどん下がっていく。仮想通貨もいつ暴落するかわからない。資本主義が限界を迎えつつある今、世界経済の成長だって鈍化していくだろう。我々は今後どう生きていけばいいのか……?

そんな不安定な世の中でこそ筋トレです！ 筋肉は突然減ったりしないし、筋肉があれば何度でも人生やり直せるし、何より筋肉は超カッコいいです！

筋肉があれば世界がどうなろうと動じない鋼のメンタルが手に入ります！ 筋肉は裏切らない！

130

報われない努力など絶対にない

報われない努力などというものはこの世に存在しない。自分の努力が報われていないと感じるなら、それは努力に対するリターンをデカく見積もりすぎだからだ。数か月間がんばっただけで望む結果が手に入ると思ってない？ 1〜2年がんばっただけで業界のトップに行けると思ってない？ 甘いよ。努力は魔法じゃないんだ。成功は確約されてはいないし、漫画やアニメのようにわかりやすく劇的に成長するわけでもない。

努力ってのは砂金を少しずつすくい上げていく作業であって、金塊を見つける作業じゃない。継続的な努力を怠る奴が一発逆転で金塊を手に入れる可能性なんてほぼないんだ。誰に何を言われようと自分を信じてただひたすらに努力を重ねる。気がついたら砂金が十分に集まって金塊になる。近道はない。それが努力だ。みんな努力を砂金集めだと思わずに金塊探しだと思ってるから努力が報われないと感じちゃうってわけ。

だが、良いニュースもある。それは、努力すれば確実に成長するということだ。そして、成功は成長を重ねた先に待っている。砂金を集め続けていけばそれなりの重さになるのと一緒だね。努力に対するリターンを大きく見積もりすぎないで、小さな成長の喜びを噛みしめようぜ。それを続けていけば漫画やアニメを超える偉大な功績を残すことだって可能だよ。

子供に優しく

国の宝である子供たちにもっと寛容な国になってほしいと願っている。

公共交通機関やレストランなどで子供が泣いていたり騒がしくしていたりするとあからさまにイヤな顔をする人がいたり、申し訳なさそうに振る舞っている親御さんを見ると心が痛む。子供は泣いたり騒いだりするのが仕事なんだからいいじゃないかと心から思う。

そんな俺がつい先日出張で海外に行ったときの話だ。飛行機で移動中、2歳ぐらいの子供が大泣きしてて母親が申し訳なさそうにしていた。気にしなくてええんやでと思いながら見守っていると、彼女は子供を泣きやませるために子守唄を歌い出した。だが、その子は一向に泣きやまない。しかしそこはさすが熟練のママ。懸命に子守唄を歌い続け、最後は努力が実を結んで俺が寝た。爆睡。起きたら到着してた。

132

共感の半径

大事な話をします。人間は普段、自己防衛のために他者に共感する半径を無意識に小さく保っています。半径を広げすぎるとどうなるかというと、いま地球上のどこかで戦争の被害に遭ってる人たちに同情して食事がのどを通らなくなったり、自分だけ幸せに過ごすのは間違っているのではという気分になり日常生活が送れなくなります。

ショッキングなニュースや悲しい記事を読むと不安になったり気分が落ち込んでしまう人も多いと思います。私もそうです。それらのキツさの正体は衝撃的な出来事のせいであなたの共感の半径が広がってしまったからです。共感してしまっているのです。人間は負の感情に強く影響されるため、対策を講じないと多くの人のメンタルが不安定になってしまいます。そこで提案があります。

つらいときは普段無意識に小さく保っている共感の半径を意識的に更に小さくしましょう。無関心になれという話ではありま

せん。ただ、つらいときは共感の半径を狭めて自分の人生に集中するのも有効な自己防衛の手段です。つらいときはテレビ見ないスマホ触らない。心がざわつくだけです。

他者の苦しみに思いを巡らせることができるあなたは素敵です。ですが、そのせいで自分が精神的に疲れてダウンしてしまったら大変です。まずは自分の生活基盤と精神衛生を保つこと。そこから余裕のある人だけが共感の半径を少しずつ広げていって、自分にできる範囲で行動していけばいいと思います。

生き抜いていきましょう。

133

最高の人間

職業なんてなんでもいい。収入だって最低限あれ
ばそれでいい。そんなことよりも、人の痛みがわ
かり、みんなの幸せを心から願うことができ、困っ
ている人がいたら迷わず手を差し伸べられ、誠実
で、当たり前の日常にも感謝を忘れず、いつもご
機嫌でそこにいるだけで周りの人を安心させられ
る。笑顔にできる。

そういうことのほうが100倍大切。

そういう人が最高。

そういう人を本当に尊敬してるし、

そういうものにわたしはなりたい。

自分の健康が一番大事
ぶっちぎりで一番大事

「もうダメ……」ってぐらいつらくて苦しいときは睡眠と食事以外のすべての活動を休止しよう。7時間以上の睡眠と1日3食しっかり食べること以外は何もしなくていい。

睡眠と食事がおろそかになると状態は更に悪化するし、いつまでたっても回復しない。逆に、この二つさえしっかりできていればあなたの心身が崩壊する可能性はググッと減る。(もちろん睡眠と食事だけではどうにもならないケースもあるのでそんなときは迷わず病院へGO!)

そして、こういうときは会社や学校も休んでいいからね。ってか休もうね。自分の健康よりも優先すべきものなどこの世に存在しないよ。絶対に無理しないでね。約束ね。

135

自分が最も優秀
自分は天才

と自信を持つのは大いに結構。いや、む
しろ最高だ。どんどん調子に乗ったらい
い。だが、その自信は内に秘めておけ。
間違っても周りに見せびらかすな。

自信ってのは周りの人に自慢するために
持つものじゃないし、ましてや周りの人
を見下したりバカにするためにあるもん
でもない。どんなときでも自分を信じて
前に突き進むためにコッソリ使うもんだ。
本当に自信のある人は自慢したり他者を
見下したりバカにしたりしないもんだ。
自信のない奴ほどよく吠える。

自信は心に秘めろ

筋肉のほうが強い
唯筋論

136

他人の評価が気になってしまう人はこの4つ意識してみて。

①他人の評価はコロコロ変わる。気にする価値なし
②一生付き合っていくのは他人ではなく自分である。
　自分で自分をどう思うかのほうが100倍大切
③他人はあなたが思ってるほどあなたに興味ない。
　意識するだけ損
④これ以上は考えてもストレスになるだけだ。
　筋トレして忘れろ

他人の評価よりも筋肉のほうが強い！　筋肉は裏切らない！

批判は聞くな

他人から批判される→自己評価が低下する→自分で自分の限界を決めつけてしまう→挑戦しないので成長しない→自分を嫌いになる→自尊心崩壊→人生がつまらなくなる→不平不満グチばかり言うようになる→ネガティブな人たちが周囲に集まってくる→人生に希望が見いだせなくなる→ずっと不幸……

という感じで、周囲からの批判を受け入れて自分で自分をダメだと思ってしまった瞬間に地獄のループにハマってしまうので他人に何言われても自分はすごい自分には価値があると信じ続けろ！

あなたはダメじゃない！　俺が保証する！　全方位的に才能がゼロの人間なんてこの世には存在しないし、あなたを必要としてくれる人は必ずいるし、そもそもそんな論理なんて関係なく俺たちは生きてるだけで素晴らしいんだぜ！

毎日食事を作り続けてる人はみんな超エラい天才

献立のレパートリーが多かろうが少なかろうが、毎日食事を作り続けてる人はみんな超エラい。マジで褒めたい。作ってもらってる側で、

「え……今日もこのメニューなの……」
「最近手抜きメニューが多いんじゃない？」

的な態度をとる人は料理を作ることがいかに大変かを想像すらできない己の想像力のなさを恥じて反省してほしい。感謝が足りない。毎日毎週毎月違う献立考えて、それに合わせて買い物も行って、栄養バランスも考えて、調理もしてって、それもはや超スーパーウルトラハードワークですよ。メニュー被ったっていいし冷凍食品を多用したっていいじゃん！　それでも大変だよ！

ちなみに、私は「毎日違うメニューじゃないといけない」「毎日同じものを食べると飽きる」という固定概念を破壊して365日毎日同じものを食べています。とてもオススメです。

自分を甘やかそう

大切なことなので何度も言わせてもらう。テンションの上がるもので生活を満たせ。欲しいものがあるなら買え。やってて楽しいことがあるならとことんやれ。

気分が良ければ運気もどんどん上向いていくから、気分を上げるためなら時間とお金をガンガン投資しちゃうといい。欲しいものを買いまくる。好きなことをとことんやる。おいしいものを食べまくる。旅行に出かける。たまにはそんな期間も必要だ。常にそんな状態だとお金がいくらあっても足りないが、たまに贅沢したってバチは当たらないよ。あなたは毎日懸命に生きてるじゃん。あなたには自分を甘やかす権利があるよ。

命令だ！　自分を甘やかせ！

あなたの世界は
あなたの態度を映し出す
鏡である

みんな、笑顔でいてね。思いやりを忘れないでね。
これはこの世の真理なんだけど、あなたの世界はあ
なた自身の態度を映し出す鏡なんだよ。笑顔でいれ
ば笑顔で接してもらえるし、不機嫌でいればそれな
りの対応をされる。思いやりのある人はみんなから
好かれて優しくされて、攻撃的な人はみんなから嫌
われて攻撃的な対応をされる。当然だよね。あなた
がいつも笑顔で思いやりを忘れなければあなたの世
界も笑顔と思いやりで満ち溢れたものになる。

笑顔でいてね。

思いやりを忘れないでね。

約束ね。

あと、筋トレもしてね。

141

仕事は人生を
より充実させるためにある

仕事のために人生があるんじゃない。人生のために仕事
があるんだ。それを絶対に忘れるなよ。

睡眠やプライベートの時間が十分に取れないほど仕事が
忙しいなら、週末は疲れで何もやる気が起こらないぐら
い過労しているなら、それは会社が人生を略奪しにきて
いる状態と言っても過言じゃないぞ。「会社が私の人生
を盗みにきてやがる」というぐらい深刻な感覚を持とう。
人事に相談してみるなり、転職を考えてみるなり、何か
しら行動を起こそう。それをしないと今の会社にあなた
の人生丸ごと奪われてしまうよ。

どうか、人生を楽しむことを忘れないでね。自分の幸せ
を取り戻してね。

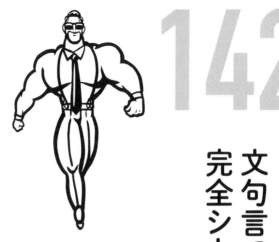

文句言ってくる奴は完全シカトでOK

目立てば調子に乗るなと言われるし、目立たなければもっと努力しろと言われるし、稼いだら妬まれるし、貧乏なら自己責任だと責められるし、趣味に熱中すれば趣味にお金を使いすぎだと言われるし、趣味がなければ無趣味でつまらない人間だと言われるし、ボランティアや寄付をしてる人々を偽善者だと罵倒する奴らすらいる。

そういう奴らは文句が言いたいだけであなたが何をやってもどれだけがんばっても必ずあれこれ理由つけて文句つけてくるから気にするだけ損ですよ。

「あーまた言ってるわ」ぐらいに思って完全シカトでOKですよ。人生一度きり。誰に何を言われようと自分が納得のいく人生を生きていこうな。あなたがあなたの心に素直に従って最高の人生を送れることを願ってるぜ！

143

ゴリラになれ

クヨクヨ悩んで落ち込んでしまうときは、もし自分がゴリラだとしたらどうするだろうか？　と考えてみてください。すると、

「ゴリラはこんなことで悩まない。人間は脳が発達しすぎているからどうでもいいことでゴチャゴチャ悩むのだ。とりあえずバナナでも食おう」

とか、

「こんなときゴリラならきっとドラミングして自らを鼓舞するだろう。よし、ドラミングしよう。元気に明るくいこう」

という結論に至り、悩むのがバカらしくなって悩みが消えます。私はこれを無敵のゴリラ思考と呼んでいます。

どうぞ使ってください。

とりあえず俺は今からバナナ買いに行ってくるウホ。

がんばる＝
幸せのタネを植える行為

仕事をがんばる。ダイエットをがんばる。がんばるとそのときは大変だけど、そのがんばりが近い将来あなたに幸せを運んでくる。仕事で良い結果が出せたとき、体重が減ったとき、あなたは過去のがんばった自分に大いに感謝することになる。がんばるとはつまり、幸せのタネを植える行為なのである。

自分に厳しくあることは未来の自分に優しくあることと同義と言える。逆も然りで、自分にあまりにも甘くあることは未来の自分に酷い仕打ちをしていることと同義と言える。心身が壊れるほどがんばるのはNGだが、基本姿勢は適度にがんばるぐらいを設定しておくと良い人生が送れるよ。

145

不倫した人の
反省は……

不倫した人の「反省している。もう2度としない」という言葉は、焼き肉を食べすぎた後の自分の「食べすぎて気持ち悪い。もうしばらく焼き肉は食べたくない」という思いと同じぐらい信用したらダメです。翌朝にはもう食べたくなっているし、近い内にまた必ず食べすぎる。

何が言いたいかというと、焼き肉が食べたい。特にカルビが食べたい。あと石焼ビビンバも食べたい。それと冷麺も食べたい。ダメだもう耐えられない。自分、ちょっと肉焼いてきます。

孤独を怖がるな
楽しめ

孤独が苦手な人は覚えといて。孤独と自由
はセットだ。そして、自由は最高だ。

好きなことを好きなときに好きなだけでき
る上にうっとうしい人間関係もない。自由
は地球上に存在する最高の快楽の一つだ。
孤独のマイナス面ばかり見ていたら自由と
いう最高の側面を見逃してしまうぞ。孤独
は恐れるものではなく楽しむものだよ。

あなたの脳内の孤独に対するイメージを書
き換えよう。

孤独＝恐れるもの　×

孤独＝楽しむもの　◎

今この瞬間に集中

過去を振り返って後悔するな。過去はこの先も永遠に消えないからそのクセをやめないと今後も一生後悔し続けることになる。未来のことを考えて不安になるな。未来はいついかなるときでも予測不能だからそのクセをやめないと今後も一生不安な気持ちでいることになる。過去じゃない。未来でもない。今この瞬間に全神経を集中して全力で楽しめ！

変えられない過去はほっとけ！

予測できない未来もほっとけ！

今だ！　今を楽しむのだ！！

考えごとするなら朝一択

悪いことは言わない。夜に悩むな。1日中がんばって疲れ切った夜のあなたのHPとMPはほぼ0だ。そんなときに悩んでも悪い考えばかり浮かんできて落ち込むだけだ。

悩むなら朝にしとけ。

HPとMPが回復した朝なら同じ悩みでもなんとかなるような気がしてくるし、なんなら何を悩んでたのか忘れちゃうことすらある。悩むときのあなたの疲れ具合はあなたの思考にダイレクトに影響する。しかも、疲れているときにする意思決定はだいたい間違ったものである場合が多い。

悩む時間帯、マジで重要です。

149

話が通じない相手への対処法　壱ノ型

人間関係でストレスを溜めない人、感情がブレない人は話が通じなさそうな人と意思疎通するのをあきらめるスピードがめちゃくちゃ速い。

「あぁ、この人話通じないな」

と思うと2秒であきらめて感情オフモードに入る。

真面目で優しい人はあきらめないで一所懸命にコミュニケーションを取ろうとするから体力も精神力もガッツリ削り取られて痛い目を見る。

話が通じない人って案外たくさんいるからね。あきらめちゃっていいんだよ。

あなたも感情オフモードを搭載しましょう。

ホルモンバランスと
自律神経は
あなたの精神の支配者

メンタルがブレやすい人は7時間前後の睡眠、週2回以上の運動、規則正しい食生活を徹底してみて。それらができてないとホルモンバランスと自律神経が乱れる。そして、それらが乱れるとどんな屈強な人間のメンタルでもお豆腐になって簡単に崩壊してしまう。めちゃくちゃシンプルだけど、睡眠、運動、食生活さえ整えばメンタルも一気に整うからマジで騙されたと思ってやってみて。

ご唱和ください。

ホルモンバランスと自律神経の乱れはメンタルの乱れ！

理想の生活習慣を身につけたい人はこのアプリを10日間だけやってみてね！　安心してください。無料ですよ。
※筋トレアプリOWN.ダウンロードリンク

151

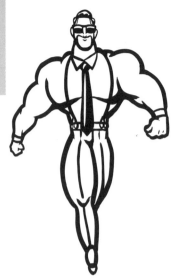

頼れ
だが依存はするな

誰かに依存した瞬間にあなたの人生の主導権が相手側に移る。その人に見放されたらおしまいだから、常に相手の顔色を気にして生きなきゃいけなくなる。それって、あなたの人生の所有権を相手に握られてるも同然だぜ。少し頼るのはいい。だが頼りすぎるな。物事を解決するのも、幸せになるのも、基本的にすべて自分の力でなんとかしろ。誰かありきの人生プランを立てるな。

誰かに与えてもらった安心と幸福は、誰かによって一瞬で奪われる危険性を孕んでいる。

そんなものは安心とも幸福とも呼べない。ただの幻である。

好き
をベースに生きろ

「○○が好き！」と言うと湧いて出てきたように「私は嫌い」「良さがわからない」とケチつけてくる奴ら！　うるせえ！　お前らは呼んでねえ！　こっちは、「自分も好き！」「最高だよね！」って話で盛り上がりたくて好きなことの話してんだ！　好きでもないことにわざわざ首突っ込んでくんじゃねえ！　好きなことの話してたほうがお互い楽しいだろ！

って言いたくなるときない？

俺はある。

みんな、〝嫌い〟よりも〝好き〟をベースに生きていけたら世界はもっと素晴らしくなるのにって常々思ってる。

153

世界は想像以上に広くて 多様で素晴らしい

世界はあなたが思ってるよりもずっと広くて、ずっと多様で、ずっとずっと素晴らしい場所だ。必ずあなたにフィットする場所、コトがあるからどうか人生に絶望しないで。どうしたらいいかわからないって人はいろんなことを経験したり、たくさんの場所を訪れたり、読書したり、映像コンテンツを見てたらきっと何かヒントが見つかるよ。

何かに感情を動かされたら、「あぁよかった」で終わるんじゃなくて、ガッツリ深掘りしていこう。好奇心を行動に繋げよう。この世には素晴らしいものが多すぎて、好奇心さえ失わなければ死ぬまで退屈しないよ。そして、好奇心の赴くままに生きていたら必ず最高の人生を送れるよ。

世界は素晴らしいぞ！

絶望するにはまだ早い！

第 6 章

154

幸せをあきらめるな

あきらめてもいい。人には向き不向きがある。魚がいくらがんばっても陸上を走れないように、どれだけがんばっても絶望的に向いてないことってあるからそういうときは潔くあきらめたらいい。だが一つだけあきらめたらダメなことがある。幸せになることだ。幸せになることだけは絶対にあきらめるな。絶対に不幸は受け入れるな。

学校？　やめてもいい。
会社？　やめてもいい。
人付き合い？　やめてもいい。
幸せになる努力？　やめたらダメ。

それは認められない。必ず幸せになって。
あなたは幸せになるために生まれてきた。

いい人≠都合のいい人

いい人と都合のいい人は違うからね。都合のいい人にはならないようにね。他人の顔色を窺いすぎないで。他人を思いやって行動できるあなたの優しさはとても素敵だけど、度が過ぎるとそれって自分で自分を雑に扱ってるも同然だよ。

どんなことがあっても自分のことを最優先して考えてあげられるのは地球上に自分1人しかいないんだ。そんな〝自分〟が他人の気持ちばかり優先して自分自身の気持ちをないがしろにしてたら自分がかわいそうだよ。どうかその優しさを自分自身にも向けてあげて。

覚えといて。日常生活で自分よりも他人を優先する傾向が多いなら、それは自分で自分を大切にできていない証拠だ。心当たりがあるなら自分の気持ちも大切にしてあげてね。約束だよ。

156

話が通じない相手への対処法　弐ノ型

話が通じない相手への対処法　壱ノ型では感情オフモードに切り替える型を提案したが、壱ノ型がうまくできない、壱ノ型が通用しないほどの強敵が現れたときのために弐ノ型も伝授しよう。

感情オフモードに切り替えられませんって人や、感情オフモードでは対処しきれない強敵に出会ってしまった際には、調査員モードへの切り替えをオススメしてます。

「話が通じない新種の人類発見！　この人がどれぐらい話が通じないのか調査します！」って感じで妄想しながら会話を続けると、話が通じなければ通じないほどウキウキできます。後でネタにもなるし完璧です。

全集中して調査員やってください！

人生が100倍
生きやすくなる15のコツ

 1 ：大事な決断は朝にする

 2 ：夜に悩まない

 3 ：無理しない。健康を最優先する

 4 ：何事も気楽にやる

 5 ：人間関係は量より質

 6 ：無理なもんは無理。時には潔くあきらめる

 7 ：「好き」を追求する

 8 ：推しを見つける。推す（節度を守って推すように！）

 9 ：悪口陰口噂話はしない

10 ：ポジティブな発言を心がける

11 ：何事も先延ばしにしない

12 ：迷ったらどっちもやる

13 ： 7 時間睡眠の死守

14 ：食事管理や運動で BMI 値※を 18.5 〜 25 の間に保つ（な
　　　お、筋肉量が多い人は 25 を上回っても良しとする）

15 ：筋トレしろ。筋肉は無敵

※BMI 値＝体重 kg ÷（身長 m）^{2}

友達の質＝人生の質

友達は選べ。1人の人間と友情を構築するには膨大な時間、感情、労力が必要だ。そして、友達はあなたの思考、立ち振る舞い、生活に多大な影響を与える。東京の人とずっと一緒にいると標準語を使うようになるし、関西の人とずっと一緒にいると関西弁を使うようになるよね。友達の影響力って、普段使う言葉にすら反映されてしまうぐらい圧倒的にパワフルなんだ。友達の選択を間違うと膨大な時間、感情、労力の浪費だけでは済まず、あなた自身の人格にも悪影響を及ぼす。

グチばかりの友達といたらあなたも愚痴ばかり言うようになる。
悪口ばかり言う友達といたらあなたも悪口ばかり言うようになる。
常にダラダラしてる友達といたらあなたも常にダラダラするようになる。
夜遊びばかりする友達といたらあなたも夜遊びばかりするようになる。

このように、友達選びがあなたの人生に及ぼす影響は計り知れない。

友達の8割は尊敬できる人で固めよう。友達の質は人生の質に直結する。

恋人を
秒速でつくる方法

恋人をつくるのなんて簡単だぜ。メモの準備はいいか？　いくぜ。

素敵だなと思う人に出逢ったらまず素直に素敵だと伝える。
そして LINE を聞く。
次に食事に誘う。
そこから何回かデートを重ねて、
最後は直球勝負で「あなたは本当に素敵だ。お付き合いしてくだ
さい」と想いを伝えるだけ。

めちゃくちゃ簡単だろ？

俺はこの方法で、日本の女のコはほとんど LINE やってないし、
スマホが常に壊れてるし、ほぼ無休で働きっぱなしという驚愕の
事実を学んだよ。今日もおとなしくダンベルとデートしてくる。

160

自分の可能性を信じろ

自信がない人はこの3つ覚えておいて。

①能力は固定じゃない。努力によっていくらでも伸ばすことができる。最初は誰だって未熟だし初心者

②今がダメ＝今後もずっとダメというわけではない。人は変われる。幼少期にパッとしなかった偉大な人物って多いんだぜ

③自分を最後まで信じ抜いてやれるのは自分だけだ。自分だけは何があろうと自分の可能性を信じろ

自分で自分のことをあきらめるな。あなたはやれる。絶対にやれる。

嫌われても
気にする必要はない
161

誰かに嫌われても気にするな。あなたを嫌いなのはその人の問題であってあなたの問題じゃない。そもそもみんなに好かれるなんて不可能なんだ。誰かがあなたを嫌いだからといってそれはあなたの責任じゃないし、誰かに好かれるためにあなたが自分を変える義務なんて一切ない。誰かに直接の迷惑をかけてるとかじゃなければあなたは何も悪くない。嫌われても気にせずほっときゃいい。

ただ、まぁ、あれだ。会う人の9割に嫌われるとかなら自分にもちょっと責任があるかもしれないから改善を試みてもいいかもしれない。5割以下ならぜんぜんセーフだと思うし、あなたのことをめっちゃ好いてくれる人たちがいるならそれはもう最高でまったく問題ないと思う。

死ぬ気でやるなよ
死んじゃうから

死ぬ気でやるなよ。死んじゃうから。人の心と体は
壊れやすい。ストレスをかけ続けるとある日突然ポ
キッと折れちゃう。特に心。で、心が折れると体も
それに続く。一度でも心身の健康が崩壊すると本当
に本当に大変だからどうか無理しないで。心身の健
康を失うと普通にやってたことができなくなる。生
活から笑顔が消える。そして、そんな普通のことを
やってた昔の自分や、笑えてた頃の自分を取り戻す
のにとてもとても長い時間がかかる。

断言するけど、人生で一番大切なのはあなたの命だ。
健康だ。それらを犠牲にしてまでやるべきことなん
てこの世には存在しない。つらいときは休め。ヤバ
いときは逃げろ。約束ね。

がんばってる人はカッコいい

がんばってる人。挑戦してる人。万が一どっかのアホに笑われたって気にすんなよな。

あなたたちは立派だしカッコいいんだから堂々としてな。本当にダサいのは斜に構えて他人のがんばりや挑戦を笑って上に立った気分になってるそいつらだよ。

覚えときな。主役はいつだって笑ってるほうじゃなくて笑われてるほうなんだぜ。

164

人生を忙しく生きてると忘れがちだから定期的に俺もみんなをリマインドしていくし、みんなも自分自身をリマインドしてほしいんだけど、健康を犠牲にしてまでやる価値のある仕事なんてこの世に存在しないからね。

心や体は一度壊れると本当に厄介だ。回復には多大なる労力が必要だし、しかも完全回復できればそれはとても幸運なことで、以前に比べて心身が脆くなってしまうケースも多い。だから絶対に限界を超えないことが大事。限界が近いと思ったらすべてを投げ出してでも逃げて。多少無責任でもいいし、先のことは後から考えたらいいからとにかく休んで。何よりも優先して健康を守り抜こう。これは自信を持って断言するけど、あなたの人生においてあなたの健康がブッチギリで一番大切。

嫉妬はチャンス

嫉妬なんてしても自分が苦しいだけだよ。嫉妬する代わりにその人のことを素直に認めて、「羨ましいな」「自分もああなりたいな」と前向きに努力しようよ。

嫉妬って自分と近い境遇の人に対してしか起こらないんだよ。一般人で大谷翔平に対して嫉妬してる人ってほとんどいないじゃん？　それは彼のことを別の世界の住人だと考えてるから。言い換えると、嫉妬が起こるってことは「自分にもできたはずなのに」「なんで自分じゃなくてアイツが」って気持ちがあるってこと。

つまりですよ！　逆に考えるとあなたは心のどこかで自分にもそれができると確信しているし、実際にできるはずなんですよ！　これはもう嫉妬なんてしてる場合じゃないでしょう！　努力して実現しちゃいましょうよ！

嫉妬が湧き起こってきたら超ラッキー！　と考えましょう。

だって、嫉妬はあなたが次に向かうべき目標とモチベーションを同時に提示してくれている親切な奴なんですから。

166

Let's 撲滅
「いじめられる側にも
問題がある」論

いじめの話になると、「いじめられる側にも問題が〜」とか言い出す人がいるけど、寝言は寝て言ってほしい。

断言する。いじめられる側に問題は一切ない。100%加害者が悪い。

過去にいじめられていた経験がある人は、自分にも問題があるのかなと悩んだり自分を責めたりしないでほしい。

そして、今いじめられている人がいるなら自分の力だけで解決しようとせず、親でも先生でも警察でも人事でも何でもいいから頼れるものには片っ端から頼って自衛してほしい。いじめなんて下劣で理不尽な行為には1秒も耐えなくていい。ってか耐えたらダメ。

いじめを見て見ぬふりするのがいじめと同罪とまでは言わないけど、身の回りでいじめられている人がいたら真っ先に助けような！　自分がターゲットにされるのが怖くて何もできない人の気持ちもわかる！　そんなときはせめて解決できそうな人に匿名で報告しよう！　自分にできる範囲でいいから、いじめをただただ黙って見過ごすのだけはやめよう！

耐えるな脱出しろ

つらいときは逃げろ。

これは多くの人が勘違いしてるんだけど、本当に強い人はどんな環境でも耐えられる人じゃないよ。

本当に強い人ってのは、自分がつらいと思ったとき、正常な判断を下して耐えるべきでない環境から脱出できる人だ。そういう人は自己防衛できるから遅かれ早かれ幸せな環境を手に入れる可能性が極めて高い。

耐えられないほどの環境に陥ってしまったらどれだけ言い出しづらくても「ノー」と伝えて次なる場所を探すことに労力を使え。耐えることに労力を使ったらダメだぞ。

あなたの強さは耐えるためにあるんじゃない。動くためにあるんだ。それを忘れないようにね。

168

明るい未来は君の手の中

人生がつらい人はこの4つ覚えておいて。

ルール1：誠意のない人間を相手にしない！
　　　　時間の無駄！
ルール2：嫌われてもOK！　全人類に好か
　　　　れるとか絶対に不可能！
ルール3：他人は変えられない！　変えられる
　　　　のは己のみ！
ルール4：明日を良くするも悪くするもすべて
　　　　は自分次第！　明るい未来は君の
　　　　手の中！　必要なのはつかみ取る
　　　　意志とちょっとの勇気だけ！

特にルール4だけは絶対に覚えておいて。今あ
なたがどんな苦境にいたとしても、挫けてしま
いそうだとしても、自分の思考と行動さえ変え
られればあなたは必ずそこから抜け出せるよ！
断言する！　俺を信じて！　あなたは必ず自ら
の手で幸せをつかみ取れる！

他人を変えるよりも自分を変えるほうが100倍コスパ良い

覚えといて。他人は変えられないよ。人格とは長い人生をかけて形成されてきたものだ。そう簡単には変わらない。他人を変えようとする努力はほとんどが失敗に終わる。その人が変わるのはその人が変わりたいと心から願ったときのみで、それは多くの場合、他人から強制されてどうにかなる問題じゃないんだ。

大事なことだからもう一度言うね。

他人は生半可な努力では絶対に変えられない。自分が変わるほうが100倍早くて確実でコスパがいい。

他人を変える努力はほとんどが無駄に終わって、自分を変える努力は成功することが多いのを考えると、どちらに自分の時間を使うかであなたの数年後の姿もまるで変わってくる。他人を変える努力をしてしまった人は成果を得られず自分も成長しない。自分を変える努力をしてきた人は成果が得られて自分も成長できる。どちらがいいかは明らかだよな？

自分を変える努力をしようぜ！

170

パワハラ上司からは
全速力で逃げろ

どんなにいい会社に入れたとしても、モラルのないパワハラ気質の人間があなたの上司になる可能性というのは人生において絶対に排除できないリスクだ。こればっかりは運。そういう人間の下につくと人生なんて簡単に狂っちゃうから絶対に耐えたらダメだよ。

「せっかくいい会社に入れたのに……」
とか、
「上司からの評価が下がるかも……」
とか、
「会社に根性のない社員だと思われるかも……」
とか、

いろいろ考えちゃうと思うけど、そんなこと気にするよりもまずはその上司から離れる方法を考えたほうがいいよ。会社の人事に掛け合うなり、それが難しそうなら転職を考えるなり、どうかあなたの心と体が限界を迎えてしまう前に行動してね。

171

お散歩が最強

運動習慣がない人は生活にお散歩を取り入れるだけで人生が劇的に良くなる。保証する。お散歩の効果は健康維持、自尊心や自信の向上、不安解消、記憶力やクリエイティビティの向上、ストレスに強くなる、アンチエイジングなどで、これほど多くの効果が科学的に証明されている行為は他にない。

ちょっと思考実験をしてみよう。例えば、お散歩が薬だと考えてみてほしい。お散歩が薬だとしたら、お散歩はライバルが見当たらないほど超強力で代用不可能な薬である。実際、製薬会社は運動効果を模倣する薬の開発をずっと続けているが、完成する気配がない。運動がもたらすベネフィットは科学の力をもってしても再現できないぐらい強力なのだ。それがお散歩さえすれば無料で手に入るんだから、どうしてもお散歩できない事情がある人を除き、お散歩しないという選択肢がなくない？

ぜひ週2回のお散歩からでいいので始めてみてね。

お散歩するぞー！ って感じでお散歩しなくても（俺はそれがオススメだけど）、一日8000歩以上歩いていればOK です。

お散歩しましょう。

172

手放す勇気

古い何かを捨てるから新しい何かが手に入る。

慣れ親しんだ人や物には情が移るが、情を断ち切ってでも前に進まねばならないときがある。

情も大切だが、情に縛られているとあなたは多くのチャンスを逃す。情に縛られていると判断が鈍ることがある。

20kg のダンベルを使うにはまずその手に持ってる 10kg のダンベルを手放さないといけない。

手放す勇気を持ちましょう。

褒める感謝するis
最強のストレス解消法

愚痴や悪口を言うよりも、人を褒めたり感謝
するほうが100倍幸せになれてストレス解
消にもなるって知っていましたか!?

でも褒めたり感謝を伝えるのって慣れてない
と恥ずかしいものですよね?

そんなあなたに朗報です!

あなたにだけ特別に僕を褒めたり感謝する権
利を無料でプレゼントします!

下記のQRコードから僕のXアカウントを
見つけてDMでどうぞ好きなだけ褒めてく
ださい! お礼を言ってください!

さあ! 褒めて! 感謝して! 早く! こ
んなチャンスめったにないよ!

楽しく生きる秘訣

無理しないこと
手を抜けるところは手を抜くこと
無理なもんは無理と割り切ってたまにはあきらめること
でもやるときはやること
感謝を忘れないこと
人にやさしくすること
悪い人間関係は躊躇せずにバッサリ断ち切ること
定期的に新しい何かを始めること
誠実に生きること
親切を心掛けること
人によって態度を変えないこと
悪口を言わないこと
愚痴を言うヒマがあったら改善すること
筋トレすること
週2〜3回は運動すること
夜に悩まないこと
夜は7時間以上寝ること

これ、楽しく生きる秘訣です。一つ一つ実践していけば
必ずハッピーになれますよ。

175

「いい歳して何やってるの？」は褒め言葉

「いい歳して何やってるの？」は褒め言葉だよ。そんなこと言う人がひねくれててイジワルで礼儀を知らないだけで、俺から見たら、「年齢に関係なく何にでも挑戦しててカッコいい！　見習いたい！」だから！

何歳になっても自分のやりたいことやって、やってみたいことに挑戦してる人とか本当に憧れるしめちゃくちゃカッコいいでしょ！　年齢と行動にギャップがあるとか、マインドによって年齢などという世間が規定した概念を超越したスーパーヒューマンでしょ！　心から尊敬する！　俺も「いい歳して何やってるの？」って言われるような人間を目指す！

176

心の病気を他人事にしないこと

「うつ病は弱い人がなる」とか、「精神疾患になった自分が情けない」みたいな考えは今すぐ捨てようね。

睡眠不足
長時間労働
私生活でのトラブル
ストレスフルな人間関係
相性の悪い上司
などなど、

悪い条件が重なれば誰だってそうなる可能性があるんだよ。心が強いとか弱いとかそういう次元の問題じゃないの。恥じるべきことでも隠すべきことでも自責すべきことでもないからね。そして、誰だって精神疾患になってしまうことを自覚して、絶対に無理しないようにね。自分を過信しすぎないようにね。休むべきときはちゃんと休んで、逃げるべきときはちゃんと逃げてね。

100人いたら
100通りの意見がある

批判なんて気にするな。100人いたら100通りの意見がある。あなたの主張や活動が多くの人の目に触れたら批判は必ず飛んでくる。でもね、あなたの主張や活動が誰かを直接的に傷つけるものであったり犯罪でもない限りそんなの気にする必要ないよ。

「あなたの意見はそうなんですね。私は私の正義に従います」

で終わらせちゃっていい。

批判に負けず、あなたが信念を貫いて目標を達成できることを願ってるね。

178

攻撃的人生戦略

やられたらやり返せ。やられっぱなしは良くない。

頼るのはいいが依存はするな。人から与えられた何かはいつ奪われてもおかしくない。

調子に乗れ。他人を見下さなければいくらでも調子に乗っていい。

被害者意識を捨てろ。攻めの姿勢を忘れるな。常に狩る側であれ。

筋トレしろ。筋肉はすべてを解決する。筋肉は裏切らない。

俺の統計

仕事でもプライベートでも、相手から一目置かれたければ返信スピードを鬼のごとく早くしろ。これが誰にでもできて一番手っ取り早い。返信が早いだけで相手は勝手にあなたが仕事デキて誠実な人だと勘違いするし、返信が早い人には多くの仕事や誘いが舞い込むようになって、その仕事をこなしたり、誘いに乗っていろいろな経験をしているうちに、あなたは本当に仕事がデキて魅力的な人間になっていく。

返信スピードを早めるというシンプルな行為から得られるメリットは計り知れない。

ちなみに、俺の統計によると日本の女のコで即レスができるコはほとんどいない。俺が人生をかけて集めてきた統計によると、日本の9割の女のコが基本的に俺のLINEを未読無視するし、奇跡的に既読になって返信が来たとしても「仕事終わったらLINEする」と言ったまま1か月以上無休で働き続けてしまうので返信来ないし、「お風呂出たら連絡する」と言ったまま永遠にお風呂に入り続けてしまう女のコも多い。即レスできる女性なんて自分の母親以外に出会ったことがない。だから俺はお母さんをとても尊敬している。

180

根はいい人

根はいい人
本当は優しい人

とかそんなもんないから！　いい人はいい人
だし、優しい人は優しい人だから！

根はいい人＝オモテは悪い人
本当は優しい人＝普段は優しくない人

ってことでしょう！

そういう奴はいい人でも優しい人でもないか
ら！　それはただの悪い人だから！　人間は
日頃の行いがすべてじゃ！　ヨロシク！

幸せスイッチ
不幸スイッチ

「今すごい楽しい！」「幸せだなぁ」と感じる瞬間があったらメモっておきましょう！ あなたオリジナルの幸せリストができあがって、心が弱ったり落ち込んだときもそのリストに載っていることを実行すれば自分で自分のご機嫌が取れちゃうよ！ 自分の幸せスイッチを知って、いついかなるときでも自分を幸せにできたら人生がめちゃめちゃ楽しくなるよ！

逆に、「悲しいな……」「惨めだな……」と感じる瞬間もメモしておきましょう。人生において避けるべきリストができあがります。そして、そのリストに載っている事柄を徹底的に人生から排除していきましょう。自分を不快にするモノやコトには近付かないのがベスト。ストレス要因の排除、めちゃくちゃ大切です。

自分の幸せスイッチと不幸スイッチを知り、それらを活用して生きていけばあなたの人生は確実に豊かになります。

182

ベストを尽くす
過去は振り返らない

後悔するな。あなたは当時持ってた情報を基にそのときにベストだと思う決断をしたはずだ。今ある情報を基に過去の自分を裁くのは自分に対してフェアじゃない。そんなもん後出しジャンケンと一緒だ。未来は誰にもわからないんだ。

俺たちは今ある情報を基に今ベストだと思う決断を下すことしかできない。たとえ思い描いていたような結果が得られなかったとしても、当時勇気を持って決断を下してベストを尽くした自分を誇りに思うべきだぞ。

P.S.
過去を振り返って後悔してしまうぐらい何かに本気で打ち込んでいるあなたを俺は心から誇りに思うぞ。

執着を手放せ

メンタルを安定させたかったら何事にも執着しないこと。怒りや悲しみなどのネガティブな感情は執着から生まれる。何が起きても「まあいっか」と思えるぐらい肩の力を抜こう。「こうあるべき」「こうしたい」などのべき論や欲望を手放して何事も気楽にやる。それができると生きるのがめちゃめちゃラクになる。まあいっかの精神、マジで大切です。

目標や欲望などをすべて捨てて無気力に生きろと言ってるわけじゃないからね。目標や欲望はもちろん持っていい。でも、もしそれらに執着しすぎて苦しんでいるなら向き合い方を変えたほうがいいかもよという提案です。もっと言うと、人生で本当に大切なものは何かを見極めて、それ以外の物事には「まあいっか」精神をガッツリ適用していこうという提案です。

例えば、よく知りもしない他人にどう思われるかとかよくよく考えてみるとあなたの人生においてどうでもいいことじゃないですか？　そういうときこそ「まあいっか」で終わらせていいし、そういう場面って生きてるとたくさん出合うと思うのです。「まあいっか」を適用できる場面、あなたの人生でも徐々に増やしていけることを願ってるね。

184

消え失せろの精神

よく知りもしない他人から批判されたときの正しい反応は「お前はどこのどいつだ消え失せろ」だからね。道端でまったく知らない人が何か言ってきても相手にしないよな？ むしろ、危ない人かもしれないと警戒して離れようとするよな？ SNSやブログなど、バーチャルな世界でもそれと同じように振る舞ったほうがいいよ。だっておかしいでしょう。深く知りもしないくせに表面だけ見て批判してくるなんて。すべて真に受けていちいち傷ついてたらキリがないよ。無視しよう無視。

インターネット上で他者を批判してる奴なんて、目に入ったもん全部批判して憂さ晴らししたいだけだから。あなたに落ち度なんてないから。たまたまそいつの目に留まって、たまたま批判されただけ。交通事故みたいなもん。ネット批判の良いところは、あなたが反応さえしなければ相手はあなたに対して何もできないってとこだ。シカトしておけば相手も飽きて次のターゲットを探しに行く。無視だ。無視。徹底的に無視。

最初の10文字ぐらい読めばその文章が批判なのか、応援なのか、賛同なのかわかるだろ？ 批判だったら10文字で読むのやめりゃあいいんだよ。読むとテンション下がるだろ？ 気になっても読むな！ それがあなたの心にとって一番良い。以上！

第7章

185

筋トレすれば、

①身体がカッコ良くなる
②モテ度アップ
③ホルモン分泌で気分爽快
④快眠できて体力全快 and メンタル安定
⑤恋人にフラれても筋肉は裏切らないという絶対
　的安心感
⑥上司も取引先もいざとなればぶっ飛ばせると思
　うと生まれる謎の全能感

以上の理由から人生が楽しくなるぞ!　それはも
う果てしなくめちゃくちゃ楽しくなるぞ!

筋トレ始めてみたい人は俺が作った世界最高の筋
トレアプリ OWN. を使ってみてくれよな!

OWN.ダウンロードリンク

才能の見つけ方

最も簡単な才能の見つけ方を紹介します。何かが好き／楽しいと思ったらそれがあなたの才能です。好き／楽しいは〝夢中〟という最強の才能をあなたにもたらします。好きなこと／楽しめることがあるあなたは既に才能のタネを見つけ済みなのです。

夢中は数ある才能の中でも最強の才能と言っても過言ではありません。成功には努力が必須ですが、夢中になってる人は努力を努力とすら感じません。無敵です。必死で努力してる人は努力が楽しくて楽しくて仕方がない人には勝てないのです。

そういう何かに出合えたら簡単に手放したらダメです。大切にしてください。

あなたは何が好き？
あなたは何してると楽しい？

187

期待値コントロールこそが究極のストレスマネジメントである

他人への期待をやめれば精神が超安定するよ。すべての失望は期待から生まれる。よって、期待しなければ失望することもなく怒りや悲しみなどの負の感情も発生しない。期待しなければあなたの感情が乱されることもない。絶対にコントロールできない他人に期待するとか、絶対に勝てないギャンブルに参加するようなもんだよ。期待するのをやめたら心に平穏が訪れることをお約束します。

ちなみに、これは決して他人に一切期待するなという話ではなく、期待するのはあなたが本当に大切に思っている数少ない人々に限りましょうというお話です。あなたの人生に深く関わるわけでもない人たちへの期待はやめましょう。そちらのほうが精神衛生上いいです。あなたの人生に深く関わる人たちには健全な期待をしましょう。そこに愛があれば期待は必ず生まれます。その期待が耐え難いストレスをあなた自身や相手に対してもたらしているなら対策が必要ですが、ある程度の期待は健全でありノープロブレムですのでご心配なく！

大切にしてくれる人と時間を過ごす

俺には絶対に譲れないマイルールがいくつか
あって、その中の一つに

俺は俺を大切にしてくれる人にしか
俺と時間を過ごす権利をあげない

っていうルールがあるんだけど、このルール
を守るだけで人間関係から生まれるストレス
が激減してすごく快適な人生が送れるのでみ
んなにもぜひこのルール採用してほしい。
ルールに例外は作らないこと。すべてのルー
ルはちょっとした例外を作ることから機能し
なくなっていく。あなたを大切にできない人
はあなたの人生から迅速かつ確実に排除して
いきましょう。

あなたは無力じゃない

すごく大切な話をするね。〝無力感〟についてだ。無力感は人生を狂わせる。無力感に取り憑かれると自分を好きになれないので気分は常に最悪だし、無力感は無気力に繋がるので何か行動を起こす気にもなれず、そんな悲惨な状況から抜け出すことができなくなる。一度ハマるとなかなか抜け出せない地獄である。

「どうせ自分には何もできない」
「自分なんて価値のない存在だ」
「がんばったって無駄だ」
「この先の人生お先真っ暗だ」

とか日常的に思ってる人は、この〝無力感〟という呪いにかかってしまっていると考えていい。で、この無力感という呪いは他人にかけられてしまうケースがほとんどだ。例えば親に否定的なことを言われ続けて育ったり、上司や友人に日常的にバカにされたりしていると、次第に心にダメージを負い、「自分は無力だ」というイメージを刷り込まれて洗脳されてしまう。

無力感に取り憑かれると人生がとてもつらいものになってしまうので、他人に何を言われても自分はスゴい自分ならできる自分には価値があると信じ続けてほしい。そして、すでに無力感を覚えているすべての人に言わせてくれ。

あなたは無力じゃない。ほんのちょっとの意志と勇気を持って行動を起こせば、あなたはなんだってできる。なんにだってなれる。俺が保証する。世界を変えることはできないかもしれない。が、自分の世界（人生）をより良いものにすることは必ずできる。100％だ。無力感という呪いさえ解いてしまえばあなたの未来は明るい。めちゃめちゃ明るい。

あなたが今後の人生で無力感とは無縁でいられることを、そしてすでに無力感を覚えてしまっている人はその呪縛から解放されることを心から願ってるね。

190

つらいときは休め。

休むことに罪悪感を覚える人もいるが、休息ってのはそもそも辛くなってからとるものではなく、つらくなってしまわないためにつらくなる前にとるものだ。

つらい状態なんてのは非常事態で、そんなときに休むのは当たり前の話なのだ。罪悪感どころか、つらいときに休むのは**義務**と言ってもいい。

つらいときは休め。

てか、つらくなっちゃうってことは普段から休みが足りてない証拠だからつらくないときも休め。
定期的に休め。

盛大に休め。

あなたの人生には休みが足りていない。

弱い自分を叩き潰す

弱い自分を理性で叩き潰せる人間になろう。

人生は他人との競争ではなく自分との競争だ。

敵は常に己の中にありだ。

「サボりたいな」って思う自分を叩き潰して努力して成長する。「ズルしたいな」って思う自分を叩き潰してカッコよく生きる。理想の自分になるためにただひたすら理想に反する行動を取ろうとする自分を叩き潰し続けるのだ。

弱い自分を叩き潰しまくった先に、自分史上最高の自分が待ってる。

今日も弱い自分を叩き潰していこうぜ。

筋肉の余裕は心の余裕

人間関係で疲れちゃう人はこれ意識してみて！

①話せばわかると思わない。話がまったく通じない人は
　存在する
②全人類に好かれるとか不可能。嫌われても気にしない
③悪意に誠意で対応しない。誠意にのみ誠意で対応する
④筋トレする。いざとなったら相手をぶっ飛ばせる力が
　あれば心に余裕が生まれて疲れない！　何があって
　も「おーよしよし」とか、「まあ最悪ひねり潰せばい
　いし許してやるか」と思えてストレスが溜まらない！

筋肉の余裕は心の余裕！

失敗した？　喜べ

一度や二度の失敗で落ち込んでんじゃねえ！

一度や二度やった程度でうまくいくならみんなやるわ！

そんな簡単に成功できるならそもそもその挑戦に大した価値なんてないわ！

失敗したってことは自分の限界を超えた良い挑戦ができてる証拠だ！

勇気を出して、できることじゃなくてやりたいことに挑戦するってめちゃくちゃ勇気の必要なことなんだぞ！

あなたにはそれができたんだ！自分で自分を誇りに思っていいぞ！

九回失敗しても十回目で成功すりゃいいんだ！　勝つまでやれ！　とことんやれ！

良い気分を盗ませない

一緒にいると気分が悪くなったりテンションが下がる人とは関わるな。気分ってめちゃくちゃ大切だ。気分良く過ごすのが人生の目的と言っても過言じゃない。考えてみてくれ。人は良い気分になるためにお金を払って物を買ったり旅行したりする。良い気分になるために良い服を買う。良い気分になるために良いホテルに泊まる。そう、良い気分は有料なのだ。しかも、けっこう高い。

何が言いたいかってね、良い気分を害してくる人はあなたの財布からお金を抜き取ってるも同然なんですよ。あなたがどれだけ一所懸命働いてお金を稼いで良い気分を買っても、その人と一緒にいるだけでその良い気分がどんどん盗まれていくんですよ。

そんなの絶対に許したらダメでしょ？

一緒にいると気分が悪くなったりテンションが下がる人とは今すぐ縁を切りましょう。連絡を断ちましょう。

好きに生きろ 法律守れ

生き方に悩む必要なんてない。周りの意見とか世間体とか無視して自分の気持ちに素直に従え。どう生きたって文句を言ってくる奴は必ずいるから気にするだけ無駄だ。他人に何を言われようと直接迷惑をかけてない限りは関係ないよ。生きる上でのルールはたった２つだけ。

① 好きに生きろ
② 法律守れ

以上！

前を向いて生きていく

休んだっていい。
逃げたっていい。
あきらめたっていい。

生きてりゃそういうときもある。ただ、休ん
だ後は、逃げた後は、あきらめた後はまた前
を向いて生きていこうな。

前向きに生きてれば良いことだって必ずある。
前向きに生きてきて良かったと思える日が必
ず来る。保証する。

きっと幸せになろうな。人生を楽しもうな。

我慢するな
我慢しなくていい道を探せ

197

我慢できるのが大人だって思ってない？　いや
いや！　逆ですよ！

我慢できないことがあったら話し合うなり環境
を変えるなりして我慢しなくてもいい方法を探
し出せるのが大人です！

我慢は美徳みたいな文化があるけど、そんなも
ん皆がおとなしく我慢してたほうが得する奴ら
が作り出した真っ赤なウソだよ。断言するけど、
我慢の先に幸せは待ってないよ。

我慢するな。我慢しなくてもいい道を探せ。

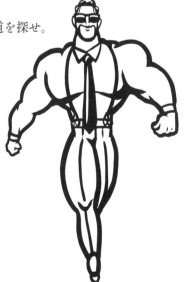

198

やりたくないことをやらないという究極の贅沢

やりたいことをやるのも最高だけど、やりたくないことをやらないってのも同じぐらい最高です。

やりたくないことをやらなくてもいいってのは、人生における究極の贅沢の一つであり、幸せに直結します。「やりたいことやれ！」って言われてもやりたいことがわからない人は、やりたいことにフォーカスして人生を設計するのではなく、やりたくないことにフォーカスして人生を設計してみるのも大アリだと思います。

やりたくないことをリストアップして、それが実現できる生き方を考えてみてください。やりたくないことをやらずにストレスフリーに生きていたら、そのうちやりたいことも見つかるよ。どっちの生き方をするにせよ、あなたの幸せを願ってます！

すべてはホルモンバランスのせい

人間のメンタルや体調は想像の 100 倍以上ホルモンバランスや自律神経に支配されてるので、メンタルや体調が不調なときは余計なことゴチャゴチャ考えないで朝日を浴びながらお散歩して、よく食べて、7 時間以上寝る生活を 1 週間ほど続けてみてくれ。驚くほどメンタルも体調も改善して世界が変わるから。

人間の気分って気圧にすら影響されるじゃん？その程度のもんなんだよ。でさ、気分が落ちてる原因が実際はホルモンバランスや自律神経の乱れ、気圧の変化が原因かもしれないのに、気分が落ちたときに気分が落ちた原因を探すと何かしら見つかっちゃうわけよ。で、見つかるとウジウジ悩んじゃって惨めな思いをすることになる。気分が落ちたときはすべてホルモンバランスと自律神経のせいにしちゃうと気持ちがラクになるよ。そして動く。食う。寝る。これやってると知らないうちに回復してる。

動く×食う×寝る＝最強のライフハック。

200

周りのレベルが
高すぎるのは良いこと

「周りのレベルが高すぎてついてけない……」と焦って落ち込んでるそこのあなた！ ぜんぜん落ち込む必要ないよ！ むしろ喜ぶべきことだ！

自分のレベルを高めたければレベルの高い環境に身を置くのが最速最善の方法だ！ 自分よりも周りのレベルが高い環境とか究極の贅沢だぞ！

周りが自分よりすごい人だらけとか、学べることが多すぎて楽しすぎませんか!?

周りに超えていくべき目標がたくさんいるって、モチベーション高まりすぎてヤバくないですか!?

最高の環境にいるんだから落ち込んでないでその環境を活かそうぜ！ その環境で生き残ればあなたは一気にレベルアップするぞ！ ファイティン！

201

過ぎ去ったことは忘れろ

後悔するな。

後悔という行為は運転するときに前ではなくサイドミラーやバックミラーばかり見てるのと同じような行為だ。

それじゃまともに運転できないでしょ？

人生を充実させたかったらあなたが集中すべきなのは前方であって後方ではない。

サイドミラーやバックミラーばかり見てたら前に進めなくなっちゃうよ。

サイドミラーやバックミラーを見るのは車線変更（人生を方向転換するとき）したり駐車（立ち止まって人生についてじっくり考えてみるとき）だけで十分。

過ぎ去ったことは忘れて前だけ向いて生きていこうぜ。

幸せの形は人それぞれ

結婚しない人は不幸だとか子供をつくらない
人は不幸だとか言われても気にしないでね。
あんなのもはやカルト宗教の一種だから。

「○○しないと幸せになれない」

とか、完全にカルト宗教の勧誘と構造が同じ
でしょ？　あーまたカルト宗教の勧誘かぐら
いに思っときゃいいよ。

幸せの形は人それぞれ。

あなたはあなたの好きに生きて最高に幸せに
なってね。

ところで、俺は思ってることがあるんだけど、
人は筋トレしないと幸せになれない。

すべての出来事はあなたを幸せにするために起こる

悲しいことがあっても悲観しないで。すべての出来事はあなたを幸せにするために起こるんだよ。誰かにフラれたからこそ出逢える素敵な人がいるし、就活に失敗したからこそ入れる別の良い会社がある。一つの扉が閉じるとき、別の扉が開くんだ。そして、前向きにやってれば新たに開いた扉の先で幸せがあなたを待ってる。保証する。だからどうか悲しまないで。いつか過去を振り返って、

あのときは悲しかったけれど、あのときのあれがあったからこそ自分の今がある。

って言える日がきっと来るよ。ってか、あなたの今後の行い次第でそう言えるようになるよ。

大丈夫。

明るく前向きにやっていこうね。

明日のことは明日の自分に任せる

夜寝る前は不安や後悔が襲ってきたり、自責や自己嫌悪に陥ってしまいがちですが、夜はそんなことをするために存在するのではありません！

どんな夢見よっかな～、えへへ。
とか、
お布団！　好きだ！

って感じで心穏やかに寝るために存在します！

心休まる唯一の時間帯である夜を自分を苦しめることに使わないでください。

夜は気持ちよく眠りましょう。

明日のことは明日の自分に託しましょう。

怒りと悲しみを
混同しない

大事な話をします。失礼な人や不誠実な人の被害に遭わないためには自分の中に確固たる判断基準を持っておくことが大切です。判断基準がないと失礼なことや不誠実なことをされても、「これは怒ってもいいよね？」とか考えて躊躇してるうちに相手のペースに巻き込まれてしまい、失礼や不誠実を許容してしまうことになります。

特に、真面目で優しい人にありがちなのが〝怒り〟の感情を〝悲しみ〟の感情と置き換えてしまうこと。〝怒り〟と〝悲しみ〟って感情、使いどころがほぼ同じで、そういう状況に遭遇したときに真面目で優しい人ほど無意識に〝怒る〟よりも〝悲しむ〟を選択してしまうケースが多い。いや、そこ悲しむところじゃなくて怒るところですよ、そこ傷つくところじゃなくて抗議すべきところですよっていう状況をよく見る。

それって平和的で素敵なことでもあるんだけど、怒らないことによって生まれる不都合は結構ある。怒るべきときは怒らないと相手が気づかなかったり調子に乗ったりするから、怒りや悲しみを生んだ望ましくない状況が今後何度も起こることになる。怒りを我慢していると精神衛生上も良くないし、いつか爆発する。何が言いたいかというと、怒るべきときは怒らないと人生が生きづらくなるしストレスも溜まるよってこと。もっと気軽に怒っていいんだよ。

206

マッチョは女子高生である

夏になるとタンクトップのマッチョが増えますよね。中には「暑苦しいなぁ」とか「筋肉を見せびらかしちゃってナルシストだなぁ」とか思う人もいると思います。でも聞いてください。違うんです。マッチョは筋肉をアピールするためにタンクトップを着ているわけではなく、筋トレ中に自分の筋肉を観察してニヤニヤするために着ていることがほとんどなんです。

「おっさんに見せるためにミニスカはいてるわけじゃない」と言う女子高生と同じです。ゴリゴリのマッチョが女子高生と同じ思考でタンクトップを着ていると思うとなんか心がほっこりしませんか？

夏にタンクトップのマッチョを見かけたら女子高生だと思って温かい目で見守ってくださいね。そして、あなたもマッチョと女子高生を見習って、〝他人にどう見られるか〟ではなく、〝自分のテンションが上がるスタイルが一番〟という思考で生活してみてください。他人ウケとか一切気にせずに自分が好きな服を、好きなときに、好きなように、好きなだけ着ればいんです。服に限らずどんなことにも通じます。

他人ウケよりも自分ウケを狙って生きていこうじゃありませんか。自分ウケ上等！　自分ウケ最高！

207

できると思えばできるし できないと思えばできない

できると思えばできるし、できないと思えば
できない。超シンプル。自分ならできると信
じ込むマインドセット、あなたが考えてる
100倍はパワフルだし大切だよ。まず信じろ。
自分なら絶対にできると自分自身を洗脳しろ。
そして誰に何を言われても自分を信じ続けろ。
なかなか結果が出ないこともあるだろう。自
分を信じられなくなる瞬間もあるだろう。関
係ない。信じ続けろ。

あなたが100%自分を信じられたとき、そし
てそれに具体的な行動が伴ったとき、それが
現実化するのは時間の問題だ。その瞬間が実
現するまで、世間があなたというとてつもな
い才能に気づくまで、自信を失わずじっくり
やり続ければいい。

すべては信じることから始まる。信じろ。我々
に不可能などない。

208

自立したければ依存先を増やせ

メンタルを安定させたければ依存先をたくさん
作ろう。仕事、家族、友人、恋愛、趣味、推し
活、ネコなど依存先は多ければ多いほどいい。

で、これらの依存先を、あなたを支えてくれる
柱だと考えてみて。仕事や趣味など、それぞれ
の柱が多方向からあなたを支えてくれていると
ころをイメージしてみるんだ。柱が一本しかな
ければあなたは簡単に崩れてしまうけど、複数
あればあなたは安定するよね？

例えば、仕事がうまくいかなくなっても家族と
の関係が良好だったり趣味が楽しければ仕事の
つらさだって少しは和らぐし、あなたのメンタ
ルが崩壊することもないよね。メンタルを安定
させて自立した人生を送りたければ柱をたくさ
ん持っておくことが超大事。

柱、たくさん見つけよう！

僕の柱は筋トレと、筋肉と、ダンベルと、バー
ベルと、プロテインと、あとそれから……。

落ち込むのは
3日で充分

落ち込むことがあるのはわかる。悲しいこと
があったらちゃんと悲しみと向き合って素直
に悲しむことも大切だ。

とことん落ち込めばいい。

でも、あまりにも長い期間落ち込まないよう
にな！　2〜3日ガッツリ落ち込んだら気持
ち切り替えて前を向こう！　いつまでもクヨ
クヨしてたってしゃーない！　ずっと下を向
いてたら素晴らしい出来事や素敵な出会いを
見逃しちゃうかもしれないぜ！

前を向こう！

人生は楽しむためにある！

人間の脳はお弁当箱

人生つまんないって思ってるそこのあなた！

こう考えてみてください。

人間の脳はお弁当箱です。スペースに限りがあります。「人生つまんねー」とか「この先もどうせ楽しくない人生だろうな」とか考えちゃうネガティブ思考って、弁当箱に嫌いなおかずばかりを詰め込む行為です。そりゃテンション下がって当然です。

ネガティブを詰めてたらポジティブを詰めるスペースがなくなっちゃうから、ネガティブをポジティブに詰め替えよう。

嫌いじゃなくて好きに集中しろ。

悲観するな楽観しろ。

絶望するな希望を持て。

一度きりの人生だ。せっかくだし明るく楽しくいこうぜ。

お弁当箱に好きなものたくさん詰め込んじゃおうぜ。

会社が辞められない人へ

「お前がいなくなったらみんな困るからと言われなかなか会社を辞められません。もう限界です」という相談を頻繁に受けるんだけど、最低限の引き継ぎ作業だけ済ませてさっさと辞めていいよ。引き継ぎ作業さえ始めさせてもらえないような職場なら、話にならないから今すぐ辞めてもいい。

あなたがいなくなっても会社が回る体制を整えるのはあなたの責任じゃなくて会社の責任だから。あなたが責任感じる必要なんて1ミリもない。

会社の言うことを聞くあなたの素直さや、職場の人に迷惑をかけまいとするあなたの優しさは素敵だけど、どうか自分のために気持ちを強く持って行動して。

会社が回らないのは会社の責任だし、職場の人が職場に残るのはその人の選択だから。あなたが心配することじゃない。やめてよし！ どうしても辞めづらいなら退職代行サービスとか使ったらいいよ！

212

言いたい奴には
言わせておく

言いたい奴には言わせておけ。反応するだけ
時間と体力と感情の無駄遣いだから相手にす
るな。あなたのアラ探しをして文句や悪口を
言ってる間、そいつらは１ミリも成長しちゃ
いない。一歩も前に進んじゃいない。

「くだらないことに時間を使ってお疲れ様で
す。あなたが自分の人生に夢中になれる日が
来ることを願っております」とでも思ってあ
なたは黙ってやるべきことやってどんどん成
長しちゃおうぜ。どんどん先に進んじゃおう
ぜ。そうすりゃそのうちとてつもない差がつ
いてソイツらは視界から勝手に消えるよ。

言いたい奴には言わせておけ！

外見に投資する

気分が落ち込んでるとき、テンションが上がらないときは自分の外見にガッツリお金を投資してみましょう。

この世にはお手軽に一瞬であなたを輝かせてくれる洋服、美容院、コスメなどの魔法が存在します。人間って単純なもので、見た目が良くなれば気分も勝手に良くなってきます。新しい洋服を着て、スタイリッシュなヘアスタイルにして、メイクをばっちりキメれば気分がバチクソに上がります。気分良くやってれば人生の調子も徐々に回復していきます。

「もったいない」とか思ってないでガッツリ投資しましょう。モノ、サービスとして考えると高いと感じるかもしれないけど、自尊心を買ってると思えば安いもんです。しかもしかも、外見は本人が何も言わずとも見た瞬間に他者に認知される最強の媒体です。周りからあなたへの評価や対応も変わってきます。（極めてルッキズム的な考えであまりよくないけど、この世の残酷な真実の一つだと思います）

自分の外見に投資するの、費用対効果の最も高い自己投資なので非常にオススメです。

214

プロフェッショナルに敬意を払う

家族だろうが友人だろうがプロに無償で仕事を依頼したらダメです。たとえ30分で終わる作業だとしてもダメです。30分で作業が終わるのはその人がそれ以前に何千時間もの努力をして、必要な設備にお金を投資してきたからこそ。無償で仕事を依頼するのはその人の努力に敬意を払わず踏みにじる行為に等しい。

もう少し言わせてもらうと、「時間かけなくていいから友人価格で」「適当でいいから無料でお願い」的な感じでプロに仕事を依頼する人に覚えといてほしいのは、プロとして仕事を受けるとなったら手抜きという概念はないし、そもそも手抜き仕事をするのは自分の名前に泥を塗るに等しい行為なのでそういう依頼の仕方はとても失礼ですよということ。

報酬があろうがなかろうが自分が納得のいく最高の仕事しかしたくないこだわりの強い人がプロになるし、人々はそういう人たちを真のプロフェッショナルだとかクリエーターだとか呼んだりする。

第 **8** 章

足るを知る

足るを知る。これができない愚か者は一生幸せに
なれない。

焼き肉で考えてみようか。

カルビ一皿＝幸せ
カルビ二皿＝超幸せ
カルビ三皿＝天国
カルビ四皿＝苦しくなってきた
カルビ五皿＝クドすぎておいしくない
カルビ六皿＝気分が悪いもう二度と食べたくない

ってなるだろう？

人生も同じ。More Is Better とは限らない。ガキ
じゃないんだから適量で満足することを学ぼうぜ。

後悔するまでカルビ食べたいか？　俺は食べた
い！　焼き肉屋さんに行く！

隣の芝生は常に青い

周りと比べて自分の幸せを測ってたら一生満足できないよ。隣の芝生は青く見えるもんだ。特にSNS。SNSはキラキラした一瞬だけを切り取って公開できるツールだ。それと自分の人生を比べたら惨めな気持ちになって当然だよ。

覚えといて。完璧な人生を送ってる人なんてこの世の中には1人もいない。

みんなそれぞれ人には言えない苦悩がある。

人には見せない傷がある。

あなたの憧れの人にも、あなたにも、俺にもね。

だからどうか他人のキラキラしてる部分だけを見て落ち込まないで。

周りの人と自分を比べて、「自分の人生はうまくいってない」なんていう錯覚に陥らないで。

人と比べず、自分だけの素敵な人生を歩んでいこうね。

すべては解釈

すべては解釈だ。何かが起きたときにそれが良いことか悪いことかを決めるのは自分次第だ。あなたの解釈次第ですべての出来事はあなたの人生に対してプラスに働く。

失敗→成功に一歩近づいた
挫折→心を鍛え直すチャンス
フラれた→新しい恋人を探す自由が手に入った
仕事つまらん→転職の良い機会
友達がいない→自分のためにめっちゃ時間使える

どんな困難も状況も強引にラッキーと思い込んで利用したらいいんだよ。

すべては気の持ちよう。

218

他人の評価はあてにならない

断言するぞ。他人からの評価を基準にして自分の価値や幸せを測ってたら一生幸せになれない。他人の評価なんてコロコロ変わる。天気予報と同じぐらいあてにならない。そんなもんを基準にしてたら一生満足できないのは火を見るよりも明らかだ。

人は大人になるにつれ他人からどう思われるかを気にし、我慢を覚え、行動を制限し、自分をどんどんがんじがらめにしていく。そんな人生どう考えてもつまんないだろ？

覚えといて。他人にどう思われるか気にしすぎると自分の人生を失うよ。他人の視線を気にして自分ではなく他人を満足させるような選択をすることは人生のオーナーシップを失うことに等しい。あなたの人生はあなたのものだよ。他人はしょせん他人。他人を満足させるよりも自分が満足いく選択をするほうが100倍大切だぞ。他人の評価なんざどうでもいい。常に自己評価100点満点を目指せ！

219

悪口陰口嫌がらせに釣られない

悪口陰口嫌がらせに反応しないコツを教えるね。

その方法はズバリ、悪口陰口嫌がらせを釣り針だと思うこと。

反応する＝釣り針に食いつく

だとイメージしてみて。

言い返す、傷つく、ムカッとするなどなど、何らかの反応をした時点であなたは釣り針に食いついたことになる。そして、食いついた瞬間にあなたの損が確定する。逆に言うと、反応さえしなければ悪口陰口嫌がらせはあなたに何の影響も与えられない。

「あー、上に釣り針があるな。気になるけど無視すっか」

と冷静に対処できるのであれば、釣り針は文字通りあなたに何もできないのだ。魚が釣り針に食いつくまでは釣り人が魚に何もできないのと同じ原理です。

釣り針に食いつかないように！

220

武のない優しさは無に等しい

優しくなりたきゃ強くなれ。優しさと強さはセットだ。自分が強くなければ他者を救えない状況だってあるし、強くないと心に余裕が生まれないので他者を思いやる気持ちも減ってしまうし、世の中には優しさと弱さを勘違いする奴らがいるから自己防衛のためには強さが必要だし、優しさだけではどうにもならず腕力だけが唯一の解決方法っていう状況だってあるし、そういう状況で優しさだけあっても何もできずに悔しい思いをするだけだ。

武のない正義は無に等しい。

強くなれ。パワー。

221

Luck Is What Happens When Preparation Meets Opportunity

成功に運は必須だけど、他人の成功に対して「運が良かっただけ」「ただのラッキー」とか言うのはNG。それを言っていいのは本人だけだ。運ってのはたゆまぬ努力が機会に巡り合ったときに初めてつかめる代物だ。それなりの実力がないと運はつかめないのだ。運とは、そもそも自らの行動によって創り出すものなのだ。その人の努力を評価せずに〝運〟の一言で片付けるのは失礼極まりない行為です。

Luck Is What Happens When Preparation Meets Opportunity.（幸運とは、準備が機会に出合うことである）

他人の成功は素直に認めて、我々も幸運をつかむ準備をしていきましょー！

1嫉妬につき1感謝

人間だもの。他人に嫉妬してしまうのは仕方がない。無理に抑えようとしても苦しくなるだけだし、多かれ少なかれ嫉妬なんてみんなするもんだから、「嫉妬してしまう自分がイヤ……」みたいな感じで自己嫌悪に陥ったり、「なぜ自分は嫉妬してしまうんだろう……」などと深刻に考え込んだりする必要はない。

ただ、他人に嫉妬するのは全然いいんだけど、嫉妬の最大の問題は、他人に嫉妬ばかりしていると自分の境遇を不幸に感じたり自分の持っているものが無価値に思えてしまうことだ。ではどうするか？　正解は超シンプル。感謝しましょう。

嫉妬するのはいい。でも、自分だってそこそこ幸せだし恵まれているということを忘れないために、嫉妬の感情が湧き起こってくるたびに、セットで感謝もするのです。対象は家族でも友人でも推しでもなんでもOK。感謝すると自分の人生も悪くないなと再認識できて嫉妬によって湧き起こってきた惨めな気持ちをぶっ飛ばせます。

1嫉妬につき1感謝。

これを徹底していきましょう！

ゆる〜いつながり超大切

日常的に顔を合わせる人とのつながりよりも、1年に2〜3回会うみたいな人とのゆる〜いつながりのほうが強かったりする。

こう考えてみてほしい。日常を共にするということは同じ船に乗るということだ。距離が近いから利害関係が生まれる。ずっと一緒にいれば利害がぶつかって争うこともあるし、相手のイヤな部分も見えてくる。

逆に、ゆるいつながりを持つということは別々の船に乗るということだ。別々の船に乗っているが、1年に2〜3回船を近づけて会うイメージだな。こういう関係には利害関係が生まれにくく、たまにしか会わないので相手のイヤな部分も見えてこず、相手が困っていたら力になりたいと素直に思えるし、同じ船に乗っていないからこそ実際に助けることもできる。同じ船に乗っていたら、誰しも自分が先に助かりたいからそううまくいかないことは想像がつくと思う。

ゆる〜いつながりを大事にしましょう。

Let's Be Happy

人に優しくしましょう
困ってる人がいたら助けましょう
泣いてる人がいたら慰めましょう
落ち込んでる人がいたら励ましましょう
恩は倍返しにしましょう
恨みは忘れましょう
周囲の人を大切にしましょう
筋トレしましょう

これができる人は最高に素敵だし、自己肯定感MAXで心穏やかに生きられるし、周りの人からたくさん愛されるしで、

最高にハッピーな人生が送れます。

保証します。

持続可能なペースでがんばる

がんばりすぎると心身ぶっ壊れるから適度にチカラを抜きながらがんばろうね。がんばる＝不眠不休の努力じゃないよ。がんばる＝最も効率の良い努力の継続だ。

7時間は寝て脳機能を最高の状態に保ち、食事や運動、遊びにも気を使って心身の健康を守るのも努力の一環。根性論だけの努力では意味がない。持続性のない努力では結果は出ない。正しい努力をしよう。

目指すはSDGsだ！

Sustainable Doryoku Goals!

サステイナブル　ドリョク　ゴールズ！

持続可能な努力目標！

ナメられた?
裏切られた?
問題ない

ナメた態度を取られたり裏切られたりしても気にする必要ないよ。

「アホめ。現金換算すると数億円に値する私の信用をお前はたった今失ったぞ」とでも思って笑顔でやり過ごせばいい。で、その人とは二度と関わるな。他人にそんなことをする人間なんてたかが知れてる。縁を切ってもなんの問題もない。問題ないどころか、その人がいなくなったらあなたの人生はより良くなるよ。そういう人があなたの人生に出現したら1秒でも早くあなたの人生から消えてもらおう。

ナメられた? 裏切られた? 問題ない。縁を切る良いキッカケだ。

227

ダラダラしてる余裕なんて1秒もない

やるべきことがあるのになかなか始められないそこのあなた！　そんなときは、

あと5秒以内に始めないとお母さんが警察に逮捕されてしまう

と考えよう！　そう考えればダラダラしてる余裕なんて1秒もないはずだ。やる気とか言ってる場合じゃなくなるからな。最愛の母を守るためにはやるしかないのだ。俺はこの方法で数え切れないほど母を逮捕された。もはや今は前科が多すぎて逮捕されてもなんとも思わない。ママごめん。

努力は絶対に裏切らない

努力の報酬は成功ではなく成長だ。そこを勘違いすると、「努力は無駄」なんていう間違った考えが生まれる。努力したら確実に成長する。成功するかしないかは運の要素も関わってくるが、成長するかしないかは選択だ。成功しなかった＝成長しなかったではない。がんばって努力してきた自分の成長を認めず、「努力が無駄になった」と決めつけるのは自分に対して不公平だ。

あなたの努力は絶対に無駄にならない。

努力を続ける。成長を続ける。そうすれば自ずと成功はあなたの手の中にあるだろう。

そして仮に成功がつかめなかったとしても、成長すること自体がその何倍も何百倍も尊いことであると断言しよう。

努力して成長する、これぞ人生の醍醐味だ。

成長しようぜ！

229

ない幸せは
分け与えられない

自分を犠牲にして相手のために何かしたらダメ
だよ。自己犠牲の先にハッピーエンドは待って
ない。自己犠牲の状態が続くとあなたの機嫌は
悪くなり、性格が歪み、最終的には自分も、自
分を犠牲にしてまで幸せにしたかった相手のこ
とも不幸にしてしまう。逆に、あなたが幸せだ
とあなたの機嫌は良くなり、やさしい性格にな
り、自分も相手も幸せになれる。

覚えといて。ない幸せは分け与えられない。誰
かを幸せにしたければあなたが幸せになること
がはじめの一歩だ。

あなたが幸せであること。それが一番大事。

幸せになるんだぞ！　約束な！

幸せを認識する

不幸に慣れたら絶対にダメだけど、幸せにも慣れたらダメだよ。幸せに慣れすぎると人はその幸せに対して感謝しなくなり、当たり前だと思うようになり、最終的には自分が幸せであるということを忘れてしまう。そして、その幸せを失ってから初めて「幸せだった」と気づくのだ。幸せであるための第一歩はいま自分がいかに幸せであるかをしっかり認識することから始まる。

今あるものを当たり前だと思わず、きちんと感謝して、その幸せを抱きしめながら温かい気持ちで生きましょう。

あなたのその何でもないような日々、それ、かなり幸せかもしれませんよ！

あなたに幸あれ！

暗い顔は封印せよ

暗い顔して生活しないほうがいいよ。暗いってのは人生がうまくいってないサインだ。人生がうまくいってない人は自己肯定感や自尊心が低く、そういう人は詐欺や搾取のターゲットとして狙いやすいから悪い人たちが寄ってくる。人生に不満を抱えている人を騙したり、変な商品を売りつけたりするのは容易だからね。逆に、いつも笑顔で明るい人に悪い人たちは寄ってこず、明るくて幸せな人たちが寄ってくる。既に満ち足りている人を騙したり、変な商品を売ったりするのは至難の業だからね。

笑顔でいるだけで人生は上向く。笑顔めちゃめちゃ大切。

たといま、人生がうまくいってなくても、いや、そういうときこそ笑顔でやっていきましょう。

大丈夫。外から見たら作り笑顔も本当の笑顔もどっちもただの笑顔です。

自分の苦しみを無視してずっと作り笑顔でいろってことではないからね。できる範囲からでいいから始めてみてね。

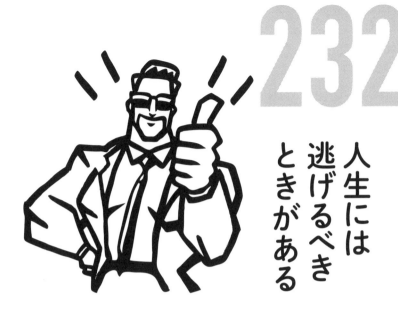

232

人生には逃げるべきときがある

人生には逃げるが勝ちって状況がある。パワハラとかイジメとかブラック企業とか、理不尽なだけで耐え続けると心身が崩壊して人生が狂いかねない案件がそうだ。そういうのからは逃げてもいいんです。むしろ逃げなきゃダメなんです。戦ったらダメなバトルってもんが人生には存在するんです。

「逃げ癖がつく」
「逃げてばかりじゃ生きていけない」

とか周りは言うかもしれないけどガン無視でいいぞ！

全力で逃げろ！

逃げるって言い方が良くないかな。全力で撤退しろ！　全力で方向転換しろ！

233

一番責任を負う人が進路を決める

他人にゴチャゴチャ言われたときは、

「あなたが私の人生の責任取ってくれるの？そうじゃないなら黙ってて」

で終わらせていい。一番責任を負う人が進路を決める。当然のことだ。人生の決断において自分以上に責任を負う他人は地球上に存在しない。よって、決断する権利はいつだって自分にある。

どうか自分の生きたいように生きてくれ。

どうか自分の進みたい道に進んでくれ。

あなたが望む通りの人生を生きられることを願ってるぜ。

頭では
わかってるんだけどできない
を排除する

「頭ではわかってるんだけどできない」とか、「それができたら苦労しない」って、超もったいないよ。7時間睡眠、食事管理、お散歩、筋トレ、読書などなど、この世にはやったら100%人生が好転するアクションが山ほど存在する。

それらをやらないって、当たった宝くじを換金しないようなもんだよ。道端に落ちてるお金を拾わないようなもんだよ。

それって幸せを自ら放棄してるも同然でしょ？

いろんな事情があるのはわかる。最初は大変かもしれない。でも、多少ムリしてでもやりましょう。

寝ないでがんばるみたいなムリはダメだけど、良い習慣を身につけるためのムリなら推奨します。

235

誠実が最強

断言する。全能力の中で最も大切なのは誠実さだ。どれだけ優秀な人でも誠実じゃないなら意味がない。むしろマイナス。他の能力は誠実さという土台の上にのみ成立する。どんなときも誠実であれ。常に誠実でいるのは大変だし、時には損もするかもしれんが、誠実さは大変な思いをしてでも守り抜く価値のある能力だ。

誠実に生きてれば絶対に良い人生が送れるよ。保証する。

あなたの誠実さを見てくれてる人は必ずいるからね。

いつまでも誠実でいてね。

俺、誠実な人が大好き。
心の底からリスペクトしてる。

誠実が一番。誠実が最強。

酷いことを
言われたら……?

誰かに酷いことを言われても気にするな。

他人に酷いことを言う奴は想像力も思いやりもないドアホ
だからたぶん今頃あなたに何か言ったことなんて忘れてぼ
け〜っとラーメンでも食ってるか TikTok で動画でも見て
るよ。そんなドアホのためにあなただけ傷つくとかアホら
しいよ。どうかそんな奴のせいであなたが悲しまないで。
どうかそんな奴に自分を苦しめる権利を与えないで。

難しいとは思うけど、綺麗さっぱり忘れちゃおう。で、今
後その人とは二度と関わらないようにしよう。

鉄板回復ルーティン

元気がないとき、不安なときは朝日を浴びながら20分ぐらいお散歩して、栄養たっぷりのおいしい朝食を食べて、ずっと見たかった映画を満足いくまで何本もひたすら見まくって、お昼は栄養度外視で食べたいもん食べて、お笑い見て笑って、読書で知識欲を満たして、夜は夕飯の後に贅沢に2つぐらいコンビニスイーツでも食べて、最後は目覚ましセットしないで寝ましょう。心も体も超回復するよ。

自宅で完結＆人に会わないのがポイントです。誰にも気を使わなくていい＆予定が絶対に狂いません。究極の贅沢です。

ぜひ次の土曜日にお試しください！

大事な2つの問い

幸せになりたければこの2つの問いに本気で向き合って行動し続けましょう。

問1
自分が好き／得意なことは何か？
問2
それらを使って人々を幸せにして、かつ最大限お金を稼ぐにはどうすればいいか？

自分の才能をフル活用して人々を幸せにしつつお金もしっかり稼ぐ。これができると最高の人生になります。

これ、現段階で僕の「幸せな生き方」のファイナルアンサーです。

簡単なことじゃないけど、必ず道はあるし、マジで幸せになれるのでじっくり考えてみてください。

期待しない
期待に応えない

鉄則第一
他人に期待しない。他人に期待するから失望や怒りや悲しみという感情が生まれる。自分は自分、他人は他人と割り切って生きましょう。あなたにはあなたの都合があるように、他人には他人の都合があります。

鉄則第二
社会や周りが押し付けてくる「こうあるべき」「こうしないといけない」みたいな期待に応えるのをやめる。期待を裏切ることにいちいち罪悪感を覚えていたら自分の人生が生きられなくなってしまう。あなたは他人の期待に応えるよりも前に、自分の期待に応える必要がある。自分の期待に応えたければ、他人の期待などの雑念は排除して自分が生きたいように生きねばならない。

この二つができるとメンタルがとてつもなく安定します。難しいと思うけど意識しておきましょう。

趣味の主要成分は愛

趣味に熱中してると、「何を目指してるの？」「何かの役に立つの？」とか言って否定してくる人がいるかもしれないけど、「楽しいから」「やってるとき幸せだから」と正直に答えればいいんだよ。

人生は楽しんで幸せになったもん勝ちなんだからこれ以上に正当な理由はない。楽しくて幸せとかめちゃめちゃ役に立ってるでしょう。息抜きのための趣味なのに何かを目指さないといけないと疲れちゃうし、趣味は役に立つとか立たないとかじゃなくて愛でやるもんだぜ。

何も目指さなくていい。

わかりやすく役に立たなくてもいい。

ただただ趣味を愛せ！　誰がなんと言おうと趣味の主成分は愛！

睡眠は
最強のソリューションである

大切すぎるので何度も何度も繰り返し言います。夜はしっかり寝
ましょう。睡眠はあなたの人生の基礎です。寝ないとメンタルか
ら免疫の働き、脳機能までありとあらゆるものが狂うから何があ
ろうと6時間睡眠は死守しましょう。理想を言えば7〜8時間。

悪いことは言わない。睡眠を何よりも優先するのだ。睡眠によっ
てあなたのホルモンバランスと自律神経が整います。逆に、睡眠
不足によってそれらが乱れてくると、この本に書いてあるような
思考もできないし、メンタルはダウンするし、どんどんネガティ
ブになっていき人生がうまくいかなくなります。自律神経とホル
モンバランスの乱れ＝人生の乱れだと覚えておいてください。

ということで、睡眠時間を削るのは命を削るようなもんだと思っ
てね。睡眠不足は自傷行為みたいなもんだと認識してね。睡眠不
足を甘く見たらダメ。まず寝よう。他の話はそれから。睡眠は最
も手軽で強力な最強の自己投資だ。とにかく寝ろ。あなたが今夜
グッスリ眠れるよう神に頼んでおくよ。素敵な夢を。

勉強は楽しいもの

自分で自分のことを勉強嫌いだと思い込んでる人が多いけど、それは学校で興味のない科目を強制的に勉強させられてきたからで、自分の興味ある分野を自分の意志で勉強するのはめちゃくちゃ楽しかったりするからぜひもう一度勉強に挑戦してみて。

勉強すると世界の解析度が格段に上がる。できることが増える。楽しめることも増える。可能性も広がる。ゲームのレベル上げみたいなもんだ。ただし、ゲームはゲーム内だけしか効果ないけど勉強によるレベル上げはあなたの人生にダイレクトに好影響をもたらす。

こんなに楽しいことってなかなかないよ。

自分の興味を持てることでいいからどんどん深掘りして勉強してみよう！

243

人の大切なものをバカにしない

「自分にとってはどうでもいいものが他人に
とっては命の次に大切なものかもしれない」
と常に認識しておこうね。たとえ理解／共感
できなくても、誰かの大切にしているものを
悪く言ったりバカにしたらダメだ。自分の大
切にしているものをバカにされたらイヤだよ
ね。それを他人にするのはやめましょうって
いうとてもシンプルな話です。

逆に、誰かにあなたの大切なものを貶されて
しまったときは、「この人は想像力を働かせ
て生きてないんだな。人間関係で苦労してる
だろうな。気の毒だな。いつか自分で気づい
て、他者を思いやれる人間になれるといいな」
とでも思って華麗にスルーしましょう。

気分は闘牛士で！ オーレイ！

経験と感動を貯金せよ

たくさんの経験をして、いっぱい感動して、素敵な思い出を作ることって本当に大切だ。

経験や感動はモノと違って形に残らないけど、経験はあなたを成長させてくれるし感動は思い出すたびにこの先何度もあなたを幸せにしてくれる。

思い出や経験は死の間際まであなたの心を温かくしてくれるが、お金やモノなんてどれだけあっても無価値だ。お金やモノはあの世には持っていけないからね。

経験や感動のためなら迷わず時間とお金を使おう。

貯金も大切だけど、経験貯金、感動貯金もしっかりしていこう。

経験と感動は100%人生を豊かにするよ。

245

過去は変えられる

過去は変えられないけど、過去を美化することはできるんだぜ。今が充実していればつらい過去も、

「あの経験があったからこそ今の自分がある」

と思えるようになる。過去を振り返って後悔していても苦しいだけだし現状は何も良くならない。だが、今を全力で生きて幸せになることができれば忘れ去りたい〝過去〟も、幸せになるための〝過程〟へと変わり、あなたを苦しめるところかあなたを支えてくれるエピソードの一つにすることができる。

つらい過去が消えてなくなり、あなたを支えてくれるエピソードの一つになるんだから、これはもはや過去は変えられると言っても過言ではない。

過去を変える唯一の方法は今を全力で生きて幸せになることです。

今を全力で生きましょう。

幸せになりましょう。

第
9
章

246

あなたを大切にできない人たちに
あなたと時間を過ごす権利はない

あなたを大切にしてくれる人と仲良く
してください。

あなたを大切にしてくれる会社と仕事
してください。

あなたを大切にできない人にあなたと
時間を過ごす権利はありません。

あなたは大切にされるためにこの世に
生まれてきたんだよ。そうじゃない人
なんて地球上に1人も存在しない。雑
に扱われることに慣れてしまわないで
ね。いっぱいいっぱい大切にされてね。

あと、これも覚えておいてほしいんだ
けど、誰かに自分を雑に扱わせるとい
う行為は自分で自分を雑に扱っている
も同然だからね。自分で自分を大切に
思っていたら、他者に自分を雑に扱わ
せるなんていう事態は許容できないは
ずだよ。自分を大切にしてあげてね。
あなたの幸せを心から願ってるね。

好きでもないことを
仕事にできるほど
甘い世の中じゃない

「好きなことを仕事にできるほど甘い世の中じゃない」ってよりは、「好きでもないことをイヤイヤやって成功できるほど甘い世の中じゃない」と言ったほうが正しい。

事務的な仕事はほとんど AI に代用される。それは Chat GPT の登場によってみんな明確にイメージできるようになったと思う。

では何が人間の仕事として残るのか？　それは恐らく、好きという言葉では片付けられないほど何かに対する愛を持った人間が対象に対して持つ熱狂であったり狂気が介在しないと実現できない類いの仕事であろう。

夢中になってやってる人にイヤイヤやってる人は絶対に勝てないし、対象を狂おしいほどに愛している人間に AI は勝てない。

仕事にしたいと思えるほど好きなことが見つけられたなら大事にしてね。

誰に何を言われても簡単にあきらめないでね。

批判など筋肉でひねり潰せ

批判されたときはこの5つ意識してみて。

①批判＝人格否定ではないので傷つく必要はない！　自分の
　行動に対する批判と自分の人格は切り離して考えよう
②人格否定が混ざってたら批判というよりただの悪口なので
　聞く必要なし！　完全シカトでOK
③批判とは無料コンサルである！　批判は第三者の客観的な
　視点を学ぶ絶好の機会なので冷静に見ろ
④批判される＝注目されている証拠なので喜べ！　無風より
　は100倍いい
⑤筋肉があれば批判などひねり潰せる！　筋トレしろ

誰かから批判されるとどうしても気になっちゃうもんだけど、
あなたに目標があってそれに向かって突き進んでるなら批判
は絶対に避けられないので気にせず元気＆前向きにやって
いきましょー！

英語は世界への扉を開く鍵

悪いことは言わない。英語は絶対に身につけておいたほうがいい。AI翻訳の技術が進化して必要なくなるとか言う人もいるだろうけど鵜呑みにしないで。最低限の意思疎通が機械的にできるようになるのと、深く交流して理解し合えるのはまったく別の話。自分で話せないと浅い人間関係しか築けないし、創造的な仕事はできないし、旅行だって全力で楽しめない。英語は世界への扉を開く鍵であり、それは今後も変わらない。

俺はこの意見には自信ある。なんなら、AI翻訳が便利になりすぎて英語を勉強しない人が増加した世界では、英語が話せる人の価値がもっと上がるんじゃないかとすら思っている。

英語が大嫌い！　とかであればAIを使い倒すのもアリだと思うけど、そうじゃないならぜひいま一度学び直してみてね！

お客様は神様じゃない

お客様は神様ですって言葉が独り歩きしてるよな。サービスを提供する側とされる側である前に人と人だよ。で、人と接するときの基本は敬意と感謝だ。その基本を無視して店員さんに偉そうに振る舞ったり高圧的な態度をとる連中なんて客じゃない。

店員さんはもちろん自分の生活のために働いてるわけだけど、決してそれだけじゃなくて、お客さんがより安心にサービスを受けられるように、お客さんに笑顔を届けられるように日々懸命に努力してくれてるわけですよ。全国の店員さんが一斉に働くのやめたら社会が回らなくなっちゃうしね。ちょっと想像力を働かせれば店員さんに対する敬意と感謝は自然と出てくるはずのものでしょう。

店員さんにタメ口で高圧的な態度をとる人たち、マジで幼稚園からやり直してほしい。

251 ナウ

やりたいと思ったその瞬間がやり時、変わりたいと思ったその瞬間が変わり時だ。そりゃ若いうちに始めたほうが有利なことだらけだ。もっと早く始められたら最高だった。でもそんなことを言ってたらこの先何もできない。何も始められない。これは絶対に変わらない真理だけど、人生において一番若くて残り時間が多いのは常に今だよ。やりたいことは我慢すべきじゃないし変わりたいなら今すぐ変わるべきだ。

最後、中国のことわざで締めくくります。

「木を植える最も良いタイミングは20年前である。次に良いタイミングは今である」

252

自尊心が低い あなたに贈る言葉

お前はダメな奴だ
お前には価値がない
お前には何もできない

などとあなたの人格や存在をボロクソに否定して自尊心を破壊して弱らせてからの、

だからお前には俺が必要だ
お前は俺の言うことだけ聞いてればいい
俺に見捨てられたらおしまいだ

みたいなこと言ってあなたを支配下に置こうとする人間がいたら今すぐ縁を切ってね。これ、モラハラ野郎や、他者をマインドコントロールして自分の操り人形にしてしまうクソ野郎の常套手段で、そういう奴らと一緒にいるとマジで人生狂わされるから気をつけてね。

以下、俺からあなたへ贈る言葉です。

あなたはダメじゃない
あなたには価値がある
あなたはなんでもできる

あなたには1人で生き抜く力があるんだよ。あなたは誰の言うことも聞く必要はない。たとえあなたが誰かに見捨てられたとしても何も問題はない。むしろ、次はあなたを大切にしてくれる人に出会えるから好都合だよ。

253

あなたの精神状態はあなたにしかわからない

「もうムリ……」「耐えられない……」ってぐらいつらいときは他人に何を言われようと休もうね。

休むという選択は自己判断で素早く決めなきゃダメだ。

あなたの精神状態に関して他人の意見はまったく参考にならない。

あなたの精神状態はあなたにしかわからない。

あなたがつらいと思うなら誰がなんと言おうとつらいんだよ。

そういうときにムリしちゃうと、心身の健康を失いかねないから絶対にムリしないで。

つらいときは必ず休んで。

自分の健康は自分で守ろうね。

「あるべき」とか「すべき」とか すべてカルト宗教みたいなもん

女はこうあるべき
男はこうあるべき
母親はこうあるべき
父親はこうあるべき
結婚するべき
子供つくるべき

「あるべき」とか「すべき」とかすべて
カルト宗教の一派みたいなもんだ。べき
べき教は日常のそこら中に存在するけど、
価値観の押し付けという意味ではカルト
宗教と何ら変わりないでしょ？　何の資
格があって人さまの生き方に対して口出
してきてんねんって話でしょ？

自分の人生なんだから周りに何を言われ
ようと気にせず好きに生きたらいいよ。

あなたが世の中の圧力に負けずに、生き
たい人生を生きられることを願ってるね。
応援してるね。

食欲を抑えるとっておきの必殺技

ダイエットを成功させたいあなたにとっておきのダイエットハックを教えよう。

名付けて歯磨き作戦だ。

やり方は簡単。ダイエット中にケーキが食べたくなったら歯を磨く。たったそれだけ。歯を磨いてる間に食欲が落ち着くし、食べたらまた歯磨きしないといけないというハードルもできるのでケーキが楽勝で我慢できる。

俺もダイエット中にいつもこの必殺技を使ってるけど、成功率は0％で、いつも冷静に歯磨きしてスッキリしたお口でケーキを食べてるよ。ケーキ、本当においしい。おいしいしカワイイしケーキ我慢するとかマジ無理。

継続こそ人類最強の武器である

1万人やりたい奴がいて、その中で1000人行動に移す奴がいて、その中で4〜5人継続できる奴がいる。ほとんどの奴は行動に移すことすらできないし、継続できる奴は更に希少。つまり、行動するだけでほとんどのライバルを出し抜ける。継続すればぶっちぎれる。

行動×継続＝成功

これ、成功の方程式です。継続なき行動に成功はあり得ません。

アインシュタインは〝複利を人類最大の発明〟と呼んだが、行動と継続も複利でどんどんふくれ上がっていく。早く始めれば始めるほど複利が働いて、知らないうちに誰も追いつけないところまで到達してる。

自分のやりたいことが決まっているなら、そして、やるべきことがわかっているなら、あとは自分を信じて継続あるのみです。

自分を信じ抜いて継続できる人のことを世間では天才と呼びます。

天才になりましょう。

「嫌い」について話すより
「好き」について話せ

257

アレが嫌いコレが嫌い、アイツが嫌いコイツが嫌い
と嫌いなことの話ばかりしてるそこのあなた！（し
てなかったらごめん！　そういう人いるよね〜って
感じで読んでくれ！）

貴重な時間を嫌いなことのために使ってたら超もっ
たいないぞ！

アレが好きコレも好き、アイツが好きコイツも好
きって話してたほうが1000倍有意義で楽しいぞ！

好きなことの話してるほうが絶対ハッピーだぞ！

嫌いより好きでいこうぜ！

ありがとうは魔法の言葉

感謝を忘れるな。感謝は幸せになるための一番の近道
だ。感謝することによって人は初めて自分がいかに恵
まれているか、周りの人にどれだけ支えられているか、
幸せであるかに気づける。だが、感謝という感情はど
うしても忘れてしまいがちだ。ではどうするか？　簡
単だ。シンプルに、

ありがとう

と言う数を増やせばいい。

たったそれだけであなたの人生は確実に豊かになる。

感謝を忘れず最高ハッピーな人生にしていこうな！

孤独でつらい……。
自分は必要のない人間……。

とか思ってる人がいたらそんなの今だけだから
安心して。必ず誰か現れる。必要とされるとき
が来る。それに、人間あの世に行くときはみん
な1人だし、誰がいなくなっても世界は何事も
なかったかのように回っていくよ。

孤独なのも存在意義が薄いのもみんな同じだか
らそんなに気にする必要ないよ。

究極的なことを言うとみんな孤独だし、誰も世
界から必要とされてないんだ。あなたは生きて
るだけで十分に尊い。気楽にいきましょう。

259

生きてるだけで尊い

260

体調=心調

心と体は繋がってる。緊張するとお腹が痛くなる人い
るよね？　これは心が体に影響する例。逆パターンも
同様で、体調が悪ければ心に悪影響を及ぼす。つまり、
メンタルが弱ってるときや不機嫌になってしまうとき
は、実はただ単に体調が悪いだけの可能性がある。

体調が良ければ大抵のことはポジティブに捉えられる
し人生はうまくいく。

健全な精神は健全な肉体に宿る。

今メンタルが不安定だったり不機嫌な人はまずは体調
から整えてみましょう！　何すればいいの？　って人
はとりあえず栄養たっぷりのうまいもんでも食って
さっさと寝てください。シンプルイズベスト。とりあ
えず寝て食うのが人間の基本です。

考えるな。食え。
考えるな。寝ろ。

自分の可能性は
自分で決める

「あなたにはムリだよ」とか「そんなの不可能だよ」とか、あなたの可能性を否定してくる人間に出会ったらさっさと離れましょう。

何かに挑戦しようとするたびに否定されたら気分が落ちるし、否定され続けると本当に自分がダメかのように錯覚してしまい、自己肯定感がなくなってしまう。なんでムリだと思うのか、なんで不可能なのか、詳しく理由聞いてみ。前例がないからとか常識的に考えてムリとか、何の根拠もないしょうもない理由しか返ってこないから。根拠のない自信とは真逆の根拠のない不安をあなたに植え付けようとしてきてるだけだから。そんなの無視でいいよ。そんな奴らは人生の邪魔でしかないから迷わず縁を切っちゃおう。

あなたに何ができてできないかを決めるのは他人じゃない。

自分の可能性は自分で決めろ！

262

無理していいのは○○○○のときだけ

無理して人に合わせるな。そんな関係は長続きしない。

無理して自分を偽るな。そんな人生は楽しくない。

無理は続かない。あなたは遅かれ早かれ爆発する。それなら最初からありのままの自分でいて、そんな自分でも受け入れてくれる世界を探すほうが圧倒的に効率が良くて楽しい。これだけは覚えておいて。無理していいのは筋トレのときだけ。

263

他人からの評価はおまけ

他人から褒めてもらえたら嬉しいのはわかるけど、他人からの評価はおまけに過ぎないと覚えておきましょう。

最も大切なのは自分で自分を誇れる生き方をして自分の称賛を得ること。自己承認を得ることだ。

他人とは期間限定の付き合いだが自分とは一生の付き合いなんだぜ。

他人ウケよりも自分ウケを狙って生きていこうぜ。

みんな、自画自賛したくなっちまうような人生にしていこうな！

自分で自分を承認できると自尊心や自己肯定感がバリバリに上がって人生めっちゃ楽しくなるぞ！

264

オタク気質な
パートナーは最高

オタク趣味のあるパートナーとか最高ですよ！
趣味のある人はほっといても1人で勝手にストレ
ス解消してくれるからいつもご機嫌でめちゃめ
ちゃラクチン！　自動洗浄機能のついたエアコン
みたいなもんですよ！

その人から趣味を取り上げるとストレスのはけ口
がなくなり、その人のパートナーが一緒にストレ
ス解消をしてあげなければいけなくなり、それも
長続きはしないので最初にその人の不機嫌の被害
に遭うのもまたその人のパートナーである。趣味
はストレス社会において必需品なのです。

オタク趣味のあるパートナーとか、喜んで迎え入
れるべきなのです。

265

推しは推せるときに推せ

今あるものがこの先もずっとあると思わないでね。この世に永遠に続くものはないよ。人やグループ、お店やゲーム、漫画やアニメなど、好きな何かがあるなら今すぐ応援しよう。好きな何かが1日でも長く続くように願うなら今すぐ愛を叫ぼう。そんな何かに出会えるってめちゃめちゃ幸せで奇跡的なことなんです。何が言いたいかと言うと、推しは推せるときにフルパワーで推しましょう！

具体的推しプラン

①購買 ― 恐らくファンができる最大の貢献です（生活が苦しくなるほどお金を使うのはやめようね！）

②応援や愛のメッセージを送る ― めちゃめちゃ喜びます

③SNSで拡める ― 推しを一緒に推す同志を増やしましょう

レッツ推し活！

266

どうせなんとかなる

心配すんな。悩むな。

どうせなんとかなるし、なんとかな
らなくてもそれはそれで未来の自分
がなんとかするから大丈夫だ。

過去に何度も修羅場を経験してきた
であろうあなたが今この文章を読め
ているのが何よりの証拠だ。

なんとかなったから、なんとかでき
たから今こうして俺はあなたに語り
かけることができている。

そうだろ？

起こるかどうかもわからない上に起
こったとしてもどうせなんとかなる
ことのせいで心配したり悩んで今ス
トレスを感じたり不安になってたら
もったいないよ。そう深刻に考えず
気楽にいこう。どうせなんとかなる。

クリスマスイブに
読んでください

メンタル不安定→寝ろ
不安→寝ろ
さびしい→寝ろ
体調不良→寝ろ
イライラする→寝ろ
疲れ気味→寝ろ
太りやすい→寝ろ
集中力ない→寝ろ
長生きしたい→寝ろ
健康維持 →寝ろ
アンチエイジング →寝ろ
クリスマス→うるさい黙れそんなもんはないくだらないこと
言ってないで寝ろ

結論：今夜はさっさと寝ろ

268

基本シカト
目の前に来たら
叩き潰す

他人にケチつけられても基本シカトしとけよな。

他人にケチつけてくる奴なんて自分の人生がうまくいってなくて他人にケチでもつけねーとやってられないヒマ人だけだ。自分の人生が絶好調でハッピーな人はわざわざ他人にケチつけない。そうだろ？　言い返したくなってもグッとこらえて「大変なんだな……あなたに幸あれ！」とでも思って自分の人生に集中しましょう。

ただし、あまりにもしつこくて、実害が出るぐらい陰湿で、調子に乗ってあなたの目の前に来て嫌がらせしてくるぐらいになったら直々に叩き潰してあげましょう。

外野でギャーギャー言ってるうちはシカト。
目の前に来たら叩き潰す。

以上！

269

人生を変える最速の方法

仕事もプライベートもダメで八方塞がり。もうダメって思ったら3か月だけ筋トレしてみてくれ。テストステロンやアドレナリンなどのホルモンが分泌されてネガティブな気持ちを打ち消してくれる。筋トレすれば睡眠の質も向上して自律神経が整い、日々の体調やメンタルの調子も上がってくる。それに加えて、筋肉がついて良い身体になれば気分は最高だ。見た目が良ければ気分も良い。超シンプルな話だ。

信じろ。

筋トレはマジで人生を変えるぞ。

筋肉は裏切らない！

 人生を変えたい人は、このアプリで筋トレしてみて！
思い立ったが吉日ですよ！
筋トレアプリOWN.ダウンロードリンク

270

迷うな ワクワクを信じろ

迷ったら楽しそうなほうを選んどけ。

楽しいことは長く続けられる。そして、何事においても継続は結果を出すための必須条件だ。楽しんでやってると知らないうちにスキルが上達し、知識が身につき、誰も到達できないレベルに達することができる。

楽しいは超強力な才能だ。何かを楽しめるのであればその分野で成功できる可能性は高い。イヤイヤやってる人は楽しんでやってる人に勝てない。

ラクなほうじゃないぞ。楽しそうなほうだ。成功できる可能性が高い上に楽しいとか最高だろ？　楽しいことやろうぜ！　ワクワクを信じろ！

根拠のない自信は宝物

「なんかできる気がする」「イケる気がする」って気持ちは大切にしろ。周りの人に人生は甘くないだとかあなたには無理だとか言われてもシカトでいいぞ。ってかシカトしないとダメだぞ。ほとんどの人がこの段階であきらめる。競争相手が戦う前から一気にいなくなるんだ。人生は行動力があって努力ができる人間には意外と甘いぞ。そして、イケる気がするなら案外イケちゃうのが人間だぞ。

行動を起こし、自分を信じ続けて継続できるならあなたはなんだってできる。なんにだってなれる。

自分を信じてやってみろ。

272

人付き合いに
優先順位をつける

嫌いな奴や気が合わない奴とは無理して付き合わなくていいよ。好きな人や気の合う人だけに全力で愛を注げばいい。大切な人たちだけをめちゃくちゃ大切にしたらいい。

何事においても優先順位をつけることが大切だけど、人付き合いも同じだ。誰に対しても良い顔をしたい気持ちもわかるしそれができるあなたはとても立派だけど、人生は長くないんだ。嫌いな奴や気が合わない奴と楽しくない時間を過ごすなんて損失でしかないよ。そんなことしてる時間があるなら気心の知れた大切な人たちと楽しい時間を過ごそう。

あなたが人付き合いの優先順位をつけるのが上手になって、ストレスが減って、ハッピーな生活が送れるように願ってるね。

自分を満たすこと
自分を幸せにすること

自分へのご褒美で何か買う
おいしいものを食べる
ダメな自分も認めてあげる
推しを推す
会いたい人に会う
行きたい場所に行く
...etc.

どんなアクティビティでもいいんだけど、我慢や節約はしすぎないで自分が本当にやりたいことをやっていこうね。人は自分が満たされることで初めて他者にもやさしくなれる。幸せになることですべてがうまくいくようになる。だからどうか定期的に自分を満たしてあげてね。いつもハッピーでいてね。自分の幸せを他人任せにしちゃいけない。自分を最速かつ安定的に幸せにできるのは自分だけなんだぜ。

274

ありとあらゆる悩みは一旦すべて忘れてもう寝ろ！

あなたは今日一日よくがんばった！

100点満点だ！

だから今日はもう休め！

明日のことは明日の自分がなんとかするから心配すんな！

夜はオフトンの上でスヤスヤ眠るのがあなたの唯一のミッションだ！

明日はきっと最高の一日になるぞ！

おやすみなさい！

自立こそ
最強の人生戦略

待つな。願うな。己（おのれ）の力でなんとかしろ。

覚えとけ。あなたの人生に救世主なんてのは
どれだけ待っても願っても現れない。自分を
救えるのは自分だけだ。確実に人生を変えら
れるのは他人ありきの方法ではなく、自己完
結する方法だ。自分でやるのが最も早く、最
も確実で、最も強い。意志、勇気、行動をもっ
てして自分の人生は自分で切り拓いていけ。
己の力を信じるのだ。

大丈夫。あなたならやれる。自立こそ最強の
人生戦略だ。強くたくましくあれ。

276

この世で
最高のアドバイス

この世で最も従う価値のある最高のアドバイスを送るぜ！

高額なセミナーや情報商材の10億倍は価値のあるアドバイスだから心して聞いてくれ！

「7時間は寝ろ！　週2は筋トレしとけ！　食生活を見直せ！　何かに熱中しろ！」

以上だ！

信じろ！

これやっとけば知らないうちに人生がとてつもなく楽しくなってくるぞ！

第10章

落ち込んでるときに意思決定しないこと

気分が落ち込んでるときに考えごとしたり大事な意思決定をしたらダメです。絶対ダメです。そんなときに考えごとをしてもネガティブな考えしか思い浮かんでこなくて更に落ち込むだけだし、そんな精神状態で下した決断は間違いであることが多く、後で後悔するハメになります。考えごとや意思決定は気分が良いときにしましょう。

考えごとや意思決定はできるだけ午前中に、明るいお部屋で、気分は良すぎず悪すぎずフラットな状態のときにできるとベストです。

278

許せない奴を
記憶から抹消せよ

許せない奴を記憶から抹消しよう。許せない奴を
許すとか、許せない奴を忘れるとかはハードル高
いと思うけど、抹消ならいけそうな感じしない？
なんかやってやった感あってスカッとするし。

誰かを恨み続けるのって心にとてつもなく大きな
負担がかかるんだ。人生も前に進まなくなる。恨
むのをやめないと過去にあなたを傷つけた人があ
なたの未来をも傷つけ続けることになっちゃうよ。

過去にあなたを傷つけたクズ野郎にいつまでもあ
なたの脳を占拠させないで。今すぐあなたの脳内
から抹消して、そいつの存在ごと葬り去ろう。あ
なたの世界ではそもそも存在すらしていなかった
人にしちゃおう。

279

孤独と友達になる

孤独？　1人で寂しい？　おめでとう！

孤独って神からのギフトだぜ。1人で時間を過ごせるって
それはもう最高にリッチってことだぜ。誰にも気を使わず
に24時間すべて自分のために使ってもいいとか究極の贅
沢。せっかくの孤独だ。楽しもう。

孤独を解消してくれるのは人との繋がりだけじゃない。趣
味や勉強、推し事に熱中することでも孤独は解消できる。
孤独は避けるもんじゃない。楽しむもんだ。孤独とお友達
になれたら、孤独を恐れてそこまで気の合わない連中と無
理してお付き合いするなんてこともしなくてよくなるから、
人生が超ウルトラ楽しくなるぞ！

あなたには
自由に生きる権利がある

あなたにはあなたの人生を自由に生きる権利がある。冷たい言い方になってしまうけど、あなたがいないと困る人がいたとしても、あなたがいないと生きていけないのはその人の問題であって、あなたが人生を犠牲にしてどうにかしないといけない問題じゃない（子供は例外）。

例えば、ご両親
例えば、兄弟や姉妹
例えば、親戚
例えば、ビジネスパートナーや友人

みんな大人なんです。助けてあげられる範囲で助けてあげたらいいけど、依存させたらダメです。あなたにおんぶに抱っこで、あなたなしでは生きていけないみたいな状態にさせたらダメです。その人たちにとっても良くないし、全体重をあなたに乗っけられたらあなた自身が潰れてしまいます。あなたが自分の人生を生きられなくなってしまいます。どうか自分の人生を生きて幸せになってください。自分の人生を生きることに罪悪感なんて抱かないでください。

安定＝依存先がたくさんある状態

世界（依存先）をたくさん持っておこう。仕事の世界、家族の世界、友達の世界、趣味の世界、推しの世界、恋愛の世界など。

で、これらを一つの世界としてではなく、別々の世界として考えてみよう。どれか一つでも好調ならその世界に行けば幸せだし、どれか不調でも別の世界に避難すれば耐えられる。そして、この世の真理として基本的にどの世界の調子も平均回帰していく（やまない雨はない）ので、最悪の時期をしばらく別の世界に避難して耐え抜くことができれば調子が悪かった世界にもまた楽しい時期がやってくる。成長の時期がやってくる。

自分の世界は一つしかないと考え、何事も深刻に考えすぎるからつらくなってしまうのだ。同時にいろんなスマホゲームやってるぐらいの気楽な感覚で生きてみて。きっとすべてがうまく回りだすよ。

「あなたのためを思って」発言に要注意

「あなたのためを思って〜」から始まる発言には要注意だ。その人は、「あなたにとって最善の生き方を私は知っている」という超強烈＆迷惑な勘違いをしている。価値観は人それぞれ。何が最善かは本人にしかわからないし、決断の責任は本人にしか取れないのだからどう生きるかは本人が決めるべきで生き方の強制とかあり得ない。

何が厄介って、結局は自分の理想通りにあなたに生きてほしいだけなのに、結局はあなたに操り人形になってほしいだけなのに、本人はそれに気づかず本気であなたのためになると思い込んで言ってるし、これが敵意や悪意をベースとした行動なら簡単にシカトできるんだけど、歪んだ愛情という形でその想いをぶつけてくるから断る側もしんどいんだよね。

あなたの周りにはそういう人いない？

いたらね、もう気合いではねのけるしかないよ。

あなたが私を思ってくれるのは嬉しい。でもね……って感じで、言うべきことは言わないと人生を強奪されるよ。

283

無の境地

人の生まれ持った特性、努力では変えられない
部分をバカにしてくる人たちはモラルのかけら
もない、もはやモラルがなさすぎて同情してあ
げないといけないぐらいかわいそうな人たち
だって覚えておこう。

容姿とか、家庭環境とか、声とかね。ってか、
もはや努力で変えられる部分だとしても人には
どんな事情があるかなんてわからないんだから、
他者をバカにする人たちは全員愚か者だと言っ
てもいい。そんな人たちの心ない言葉であなた
は傷つくべきじゃないし、怒るべきでも、悲し
むべきでもない。理想は無反応。無。

無。

グチを超生産的ムーブに変革する必殺技

グチをグチで終わらせるな。グチの終わりに、「さて、このクソみたいな現状を変えるためにどうしましょうかね？」と付け加えるだけで非生産的な愚痴の時間が超生産的な作戦会議の時間に変わる。グチれるということは不満が言語化できている証拠だ。言語化できている問題は必ず解決／改善できる。

毎日毎日グチってる人は才能あるよ！　あとはその才能をグチることではなく解決／改善のために使うだけだ！　それさえできればあなたの人生はどんどん良くなっていって、そのうちグチる対象が見つからなくなるぞ！

グチるな！　解決しろ！

285

誹謗中傷について

これは声を大にして言いたいし、今後も
言い続けたいんだけど、

誹謗中傷されて傷つく人が SNS に向い
てないんじゃなくて、相手の気持ちを考
えずに誹謗中傷する人が SNS に向いて
ないんだよ！

悪いのはどう考えても誹謗中傷する側な
のに被害者のせいにするのはやめようよ。
「スルースキルない」「煽り耐性ない」と
か意味わかんないでしょ。そもそも誹謗
中傷すんなよ。傷つく覚悟がある人しか
SNS できないとかおかしいでしょ。

礼儀を守れない人が SNS やめたらいい。
皆さんもそう思いません？

波長の合わない人と過ごすのはあなたを不幸にする最も確実な方法

無理して人付き合いするのはやめましょう。

人には合う合わないがある。別にそれは悪いことじゃなくて当然のことだ。無理に好かれようとする必要も、無理に仲良くしようとする必要も、無理にいがみ合う必要もない。それやってもお互いにとって苦しいだけだからただシンプルにほっとけばいいよ。お互いに干渉しないのが最も平和的で幸せなルートだよ。

貴重な時間は気の合う連中と笑って過ごすために使おう。気の合わない人と無理して一緒に時間を過ごすのはあなたを不幸にする最も確実な方法の一つですよ。

287

なるべく明るく楽しく生きる

笑顔でいよう。愚痴を減らそう。明日が来ることに感謝しよう。人生は短い。負の感情に時間を使ってたらめちゃくちゃもったいない。

ネガティブなことばかり考えてたらポジティブなこと考える時間がなくなっちゃって人生楽しめないよ。

悲観するな楽観しろ。絶望するな希望を持て。心配するなワクワクしろ。一度きりの人生だ。せっかくだしなるべく明るく楽しくいこうぜ。

今日も明日も明後日も明るく楽しくやっていきましょー！

絶対に無理すんな

絶対に無理しないでください。心や体って一度壊れてしまうとなかなか元に戻らないし脆くなってしまうので本当に厄介です。

壊れてしまったものを直すよりも、壊れないように無理をしないことを心掛けるのが圧倒的に重要でコストパフォーマンスが高いです。

新品に交換できればいいんだけど、心や体は世界中どこ探しても売っていません。いま持っているものを大切にするしかないのです。健康よりも大切なものなんてこの世には存在しません。どうか心と体を大切にしてください。どうか自分を大切にしてください。約束ですよ。

善行は堂々とする

寄付したら堂々と「寄付した！」
ボランティアしたら堂々と「ボランティアした！」
人助けをしたら堂々と「人助けをした！」

って言っていこうな。

善行はひっそり行うべきとかうるせーよ。世のため人のためになることをしようとしてる人の邪魔すんなよ。何が売名行為だよ。善いことしてるんだから名前が売れたっていいだろ。むしろ、善いことしたら名前が売れるのが当然っていう世界にしていったほうが寄付や慈善活動をする人が増えて最高じゃねえか。善いことしてるならどんどん発信していこう。少なくとも俺はそれを売名行為だなんて思わない。むしろめちゃくちゃ尊敬する。

どんどん善いことして、どんどん発信していきましょう！

善意の輪を広げていきましょう！

人間関係は
バランスが取れてないと
成り立たない

どれだけ好きでも、どれほど愛していても、相手にその気がないなら離れましょう。一方通行の思いはあなたの心をボロボロにするよ。

人間関係って残酷なもので、バランスが取れてないと絶対に成立しないんだ。執着すればするほどあなたも相手もイヤな思いをすることになるよ。そうなってしまう前に離れようね。

その人はあなたにとって運命の人かもしれないけど、あなたがその人にとって運命の人だとは限らない。

しかし好きな相手に自分を好きになってもらえないのは本当に悲しいよね。みんなが両思いになれたらいいのにね。恋愛はなんて不公平なんだろうね……。でもご安心ください！　私たちにはダンベルちゃんがいます！　20kgのダンベルは20kgの力で持ち上げるしかありませんし、常に定位置で待ってくれていてどこにも行きません！　バランスが取れています！　無償の愛です！　恋愛に疲れたらダンベルちゃんとお付き合いしましょう！　筋トレしましょう！

291 習慣を支配すれば人生も支配できる

習慣の力をみくびったらダメだよ。

我々の人生の大部分は習慣で構成されている。習慣を変えることは人生を変えることに等しく、悪い習慣を持つことは悪い人生を受け入れることに等しく、良い習慣を持つことはより良い人生を手に入れることに等しい。

良い習慣を持つのは面倒だと思うかもしれないけど、習慣は無意識下の行動なので良い習慣も悪い習慣も本人への負担はあまり変わらない。良い習慣は成長と健康を、悪い習慣は停滞と不健康をもたらす。

一流は努力してる意識がなく、三流はサボってる意識がない。

習慣は超強力なのに意識下にないから恐ろしい。本人たちは何気ない日常を過ごしているだけでも、良い習慣を持ってるAさんと悪い習慣を持ってるBさんの差は毎日着実に開いていくのだ。

習慣を支配すれば人生変わるぞ。正しい習慣さえ身につけたら、あとは待つだけ。あなたの成功／成長は確約されたも同然である。人生を変えたければ習慣を味方につけろ。

笑えないネタは
ネタじゃない

292

「ネタなのに何マジになってんの？」とか「冗談じゃん。怒んなよ」とか言う人たち。ネタや冗談になってないからマジになってるし怒ってるんですよ。それを相手のせいにして誤魔化すとか最低ですよ。誰かを怒らせたときの言い訳として一番ダサい奴ですよ。土足で人の心に踏み込んでしまったら言い訳なんてしてないですぐにクツ脱いでさっさと謝罪しろ。そしてお家に帰って三日三晩反省しろ。で、二度とやるな。

「ネタなのに何マジになってんの？」「冗談じゃん。怒んなよ」とか言われると、「あれ、こんなことで怒る自分がおかしいのかな……？」と不安になっちゃう人もいると思うんだけど、おかしいのはそんなこと言う奴らであってあなたじゃないから！　嫌なことをされたら怒る権利があなたにはあるから！　堂々と怒ろうね。

293

無条件で
自分を愛する

「どうせ私なんて……」とか言ったらダメですよ。それって、自分のおデコに［不良品］とフダを貼るに等しい行為ですよ。そんなこと言ってると自尊心や自己肯定感が下がっちゃうし、自尊心や自己肯定感が下がると何をするにも億劫になって成長もしないし人生も楽しめないよ。そしてそういう暗いことばかり言ってると人が離れていっちゃう。自尊心や自己肯定感が下がる上に人が離れていく、最悪の負のサイクルです。言うの禁止です。そんなことを自分で言うのは自分に対して失礼極まりない行為だって覚えておいてください。

「そんなこと言われても自分で自分のことを好きになれないんだから仕方ないじゃん」って思う人もいると思うけど、自分で自分を好きになるのに条件なんてつけるべきじゃないんだよ。だって、何があっても自分のことを愛してあげられるのは地球上に自分1人しかいないんだから、自分がやらなきゃ誰がやるのって話でしょ。そりゃ、「身長がもう5cm高ければ」とか、「もっと小顔だったなら」とか、欠点なんて探せば無限に見つかると思うよ。でもその考え方だと一生自分を好きになれないよね。一生一緒にいる自分を好きになれないとかどう考えてもつらいよね。だからね、ゴチャゴチャ言ってないで今すぐありのままの自分を認めて好きになるしかないの。強引に好きになるしかないの。

無条件で自分を認めて好きになること、それが自分を好きになる唯一の方法です。

不幸は異常事態

突然だが言わせてくれ。

みんな、幸せになって当たり前だと思って生きるんだぞ。間違っても不幸な状況を受け入れたらダメだ。断言する。不幸になるべくして生まれてきた人なんていない。不幸を一度受け入れてしまうと感覚が麻痺してきて、あたかも不幸な状態が自然な状態だと錯覚してしまい、抜け出せなくなっちゃう。

覚えといて。不幸ってのは異常事態だ。

「自分は幸せになれるかな？」
「自分なんかが幸せになっていいのかな？」
「幸せだと不安になる。幸せを失うのが怖い」
じゃないんだよ。

不幸が異常事態なんだよ。不幸がずっと続いてるなら、そんな状態は受け入れたらダメなんだよ。今すぐ抜け出さないとダメなんだよ。

あなたは幸せになるために生まれてきたの。幸せで当然なの。幸せが平常運転なの。OK？

きっと幸せになってね。

思いっきり幸せになってね。

あなたの幸せを願ってるね。

睡眠時間は絶対に削るな

忙しいときに睡眠時間を真っ先に削る人がいるが完全に逆効果だ。睡眠不足による脳機能の低下、メンタルや体調の悪化、それらが引き起こす間違った意思決定やミスなどなど、寝ないでがんばった時間のプラスなんて睡眠不足によるマイナスで全部ぶっ飛ぶ。いや、ぶっ飛ぶどころか完全にマイナスになると断言していい。理想を言えば7時間、最低でも6時間は寝よう。睡眠時間は一番簡単に削れるけど一番削ったらダメな奴です。

他のありとあらゆるアクティビティ＜睡眠

誘いを断るときは素早く

誘いや頼みごとを断るときは素早くだ。早ければ早いほどいい。変に気を使って、「スグに断ったら失礼かな」「あまり気乗りしないから後で断ろう」とか思って返事を先延ばしにするのは最悪。相手の予定が立たないし、その場で断らないと自分の心理的負担にもなるし、その気にさせて期待を裏切るのが一番タチが悪い。余計なことは考えず、断るならキッパリ素早く断るのが礼儀。それが相手にとっても自分にとっても一番良い。

断るのが苦手な人って多いけど、気乗りのしない誘いや頼みごとはキッパリ断らないと自分の時間がどんどん減っていっちゃうし、気乗りしないことやっても楽しくないから人生がどんどんつまらなくなっちゃうよ。

自分の人生を気ままに楽しく生きたいなら、ノーと言う勇気を持ちましょう。

現代社会

つい先日、高校生の子たちといろいろ話してたら、「物心ついたときから常にプレッシャーの中で勉強や習いごと漬け、良い大学を目指してやっと入れたとしてもそこからまた就活で競争。入社してからもひたすらずっと競争。しかも大人たちは日本の未来は暗いとか言ってる。ずいぶん大変な世界に生まれてきてしまったなと。将来結婚して自分の子供が欲しいかどうか考えたとき、こんな世界では生まれてくる子供はつらい思いをすると思うので子供はつくらないと思う」的なことを言ってて、本当に本当に申し訳ない気持ちになった。合理的に考えた結果、結婚出産しないという選択に至ってしまう社会。悲しすぎるよね。なんとかしないとね。

教育の機会が平等にあり、人々がお金の心配をせずにおいしいご飯を食べられて、快適な家に住めて、趣味にお金を使えて、貯金もできる。将来に不安を覚えるのではなくワクワクできる。そういう社会にしていかないとね。みんなでそういう社会にしていきましょうね！

そんな社会を実現するには体力が必要なので筋トレ行ってきます！

筋肉は裏切らない！

自信がある人ほど臆病

自信満々に見える人ほど実は臆病者だ。本番で緊張して失敗するのが怖くて怖くて仕方ないからこそ裏で徹底的に努力する。本番で緊張する気が失せるぐらい下準備を繰り返す。本番が天国に感じるぐらい練習で地獄を見る。

「自信がある人はいいな〜」じゃないんだよ。最初から自信がある人なんていない。自信は圧倒的な努力と下準備で自ら創り出すもんだ。気合い入れてやっていくぞ！

不機嫌を撒き散らさない

不機嫌になっちゃう日だってあるよね。わかるよ。人間だもの。でもね、自分だけが悲劇のヒロインだなんて思ったらダメだ。みんなそれぞれ何かしら問題を抱えながら生きてる。それでも自分が不機嫌なせいで周りを不快にさせないように振る舞ってる。

気分が乗らないな……
楽しくないな……

って日があるのは当然だし問題ない。俺にだってそういう日がある。

でも、その気分を前面に押し出して周りを巻き込むのはよそう。周りの空気まで悪くしてしまうのはやめよう。

自分のご機嫌はなるべく自分で取ろう。

300

大切にされなくていい人なんて地球上に存在しない

「自分の娘にされてイヤなことはしない」ってのを基準に女性と接しろ。ブスとか言うな。悲しませるな。泣かすな。利用するな。遊び半分で付き合うな。浮気するな。暴力なんて論外だ。みんな誰かの愛する大切な娘さんなんだよ。男も同様。みんな誰かの愛する大切な息子さんだ。気安く傷つけたらダメですよ。

補足すると、誰かに愛されている人だけが大切にされる価値があると主張しているわけでも、人間を所有物に例えているわけでもないのでよろしくお願いします。本来こんな論理は必要なく、地球上にいるすべての人が無条件で大切にされるべきです。

もし今あなたが誰かに大切にされていないと感じるなら今すぐその人から離れましょう。あなたは大切にされるべきなんですよ。大切にされるべきじゃない人なんてこの世には存在しないんですよ。

みんな、いっぱいいっぱい大切にされてね。

明るい未来を選び続けろ

未来がどうなるかは知らないけど、俺は絶対に希望を捨てないし、休んだり逃げたりはするかもしれないけど人生を楽しむことだけはあきらめないし、清く正しく優しくを常に心掛けるし、笑顔は何があっても絶やさない。

どんな困難が襲いかかってきてもポジティブに解釈して、自分の人生や社会を恨むようなことはしない。これらは己の意志によって選び取れる明るい未来だ。どうか皆にも明るい未来を選び続けてほしい。前だけ向いて気楽にいこうな。

絶対に幸せになろうな。

一点もの
展示品限り

絶対に忘れてほしくないので何度も言います。
基本的にすべてのものはお金で買えるけど、
心と身体の健康だけはお金じゃ買えません。
心と身体はお一人さま一点限りです。今ある
ものと一生付き合っていくしかありません。

もし一生に一台しかスマホを持てないとわ
かってたら、めちゃくちゃ大切に使うし丁寧
にメンテナンスするよね？　心と身体も同じ
です。いや、最悪なくても生きていけるスマ
ホと違って心と身体がないと生きていけませ
んから、スマホの100倍大切です。

だからどうか心と体の健康を何よりも大切に
して。7時間は寝て。週2回は運動して。健
康的な食生活を心掛けて。人生を最後まで全
力で楽しめるように自分の心と身体を労って
あげてね。約束ね。

303

自分の人生を
自分で決めることの重要性

人生の進路を決めるときはノイズを断て。親だろうが先生だろうが友人だろうが関係ない。自分の心の声以外はすべてノイズだと思っていい。自分の心に「人生で本当にしたいことは何だ？」「キミはどう生きたい？」と問うんだ。周りの意見を参考にするのはいいけど、主導権は絶対に渡すな。自分で決めるから決断に責任が生まれ、情熱が燃え上がり、人生が楽しくなるんだぜ。

人生に迷ってる人も、自分が本当は何をしたいのか。どうするべきなのか。人に聞かなくてもみんな心の中で正解はわかってるでしょ？　それを選択する勇気がないだけだ。その選択を正解にする自信がないだけだ。

いいかい？　人生の進路を決めるときは人に相談する必要なんてないんだよ。

夜風にでもあたりながら自分の心とじっくり相談して決めたらよろしい。

勇気を出して自分の心の声を素直に聞いてみて。

きっと後悔しない。

きっと最高の人生が送れる。

悪口陰口嫌がらせは暇人のすること

悪口陰口嫌がらせなんてすべて暇人のやることだから気にすんな。プライベートも仕事も絶好調でハッピーな人はわざわざ他人のことチェックしてケチつけないだろ？　自分がうまくいってなくて不幸で暇な奴が悪口陰口嫌がらせなんてするんだよ。「おう暇人！　お疲れ！」とでも思ってシカトしとけばいいよ。相手しても疲れるだけ。

それでもどうしても悪口陰口嫌がらせが気になってしまう人は筋トレしましょう！

筋トレをして筋肉がつくと、「まぁ、その気になったらいつでもひねり潰せるしな……」という心の余裕が生まれて何も気にならなくなります！　パワーでひねり潰せます！　筋肉は無敵です！

第 **11** 章

スランプは着実に
レベルアップしている証拠

ダイエット、筋トレ、勉強、仕事、どの分野であろうと上を
目指して努力を継続していけば必ずぶち当たるのがスランプ
だ。停滞期と呼ばれたりもする。

突然だが、スランプにおちいって心が挫けそうなそこのあな
た！　おめでとう！　スランプはあなたが着実にレベルアッ
プしている証拠だぞ！

努力と成長を繰り返さない限り、人はスランプにおちいるこ
とすらできない。前に進まない限り、人は壁にぶち当たるこ
とすらできない。ほとんどの人がこのスランプに耐えられず
志半ばにあきらめてしまうが、だからこそ続ける価値がある。
だからこそ燃える必要がある。頭一つ抜け出したかったら周
りが耐えられないことに耐えりゃあいい。シンプルな話だ。

こう考えてみてくれ。山は登れば登るほど斜面が急になって
くるよな？ 酸素も薄くなってつらいし、てっぺんに近づけ
ば近づくほど心が折れそうになる。だからこそ登り切ったと
きの達成感は最高だし、登り切った人間にしか見えない景
色ってもんがある。見たくないか？ 常人の根性ではたどり
着けない景色。

スランプにおちいったら思い出せ。今あなたは試されてる。
「どれぐらい欲しいんだい？」「どれぐらい成し遂げたいんだ
い？」と神様にテストされてるんだ。スランプこそあなたの
真価が問われる踏ん張り時だ。がんばれ。スランプの先には
今までの停滞がウソだったかのような最高の成長期、ブレイ
クスルーが待ってるぞ！ ファイトー！

愛する誰かに対してできる最大限のこと

あなたが愛する誰かに対してできる最大限のことは、その人の幸せをただただ願うことだよ。それがたとえあなたの望む形じゃなくてもね。

これが、「結婚して幸せになってほしい」「子供を産んで幸せになってほしい」みたいに条件付きの願いになるとそれはもう価値観の押し付けだし、その人に自分の思い通りに生きてほしいというワガママだし、その行為はその愛する誰かを傷つけるし、歪んだ愛情になってるって気がついたほうがいい。

幸せの価値観は人それぞれ。あなたがその人を本当に愛しているなら、あなたの幸せを押し付けるのではなく、その人自身が追い求める幸せをつかめるように願ってあげるのが愛情ってものではないでしょうか。

生き方なんて人それぞれ自由なんだから、「幸せになってほしい」という思いを押し付けることすら傲慢。ぐらいに思っておくといいよ。

自分は自分。他者は他者。

1人時間
マジ大切

大切すぎるので繰り返し言うが、1人でも楽しめる趣味は確実に人生を豊かにするから持っておいたほうがいい。

悩みの9割は人間関係から生まれる。つまり、1人で楽しめるならそれが最強なのである。寂しい人だと思われても関係ない。1人でも楽しめる能力さえあればそんなことは気にならなくなる。だって、誰に何を思われようと言われようと1人でも楽しめるんだもん。誰かと一緒じゃないと楽しめないなら他人にどう思われるかがめちゃくちゃ重要になるけど、1人でも楽しめるなら別に無理して他人に合わせる必要もなくなるよね。

人付き合いをないがしろにしろって言いたいわけじゃないけど、仲間はずれにされることを過度に恐れて人付き合いに気を使いすぎるのも良くないよって話ね。人付き合いも大切だけど、それと同じぐらい1人の世界も大切ですよ。

P.S.
僕にはいつも定位置で待っていてくれていつでも一緒に遊んでくれるダンベルちゃんとバーベルちゃんがいるので基本1人でもぜんぜん平気で、ってかむしろ1人時間が大好きで、人付き合いのストレスはほとんどありません！ってか、友達がほとんどいません！（決して泣いてない）

308

失敗した?
おめでとう

失敗して落ち込んでるそこのあなた!
やるじゃないか!
自分の限界を超えて挑戦した人にしか失敗できないんだ!
失敗できたあなたは立派だ!
失敗した自分を誇りに思っていいぞ!
あなたには挑戦する勇気がある!
だからあなたはこの先に何があっても大丈夫だ!
失敗も成功も大きな枠で見たらどちらも大切な経験の一つだ!
失敗なんて勲章ぐらいに思っときゃいい!
落ち込んでないで前向こうぜ!

今日は心調不良で休みます

心の病にかかる人がこれだけ増えてきて、風邪をこじらせる以上に心の不調をこじらせることのほうが個人への悪影響が大きく、体調と同等かそれ以上に心の調子にも気を配らないといけないことは明白だと思うので、そろそろ

「体調不良で休みます」と同じ感覚で、「心調不良で休みます」と言える社会になるといいよね。

病気でもないし用事もないけど、疲れたときや気分が乗らないときに自分の意志で休むのって超大切だよ。心が崩壊するなんていう最悪の事態を避けられるし、ストレス減るし、パフォーマンスも向上するから絶対やったほうがいい。

誘惑に負けるな

日常に潜む誘惑に負けない人間になれ。一瞬の快楽を追い求めるのではなく、持続する快楽のために自制心を働かせられる人間になれ。短絡的な考えではなく、長期的な考えを持って生きるんだ。それができる人間が幸せな人生を送れる。例えば、ダイエット中にケーキが食べたくなったらこう考えろ。一瞬の快楽と持続する快楽、どちらが欲しい？　一瞬の快楽のためにケーキを食べて後悔するか。持続する快楽のためにケーキを我慢してダイエットを成功させて理想の体を手にするか。

今だけ食欲が満たされてハッピーだが
後ほど後悔

vs

今は食欲が満たされないが、
ダイエットに成功して超ハッピー！

わざわざ聞かなくても答えはもう出てるよな？ケーキだ！　チーズケーキ！　今を楽しむのも大切だ！　我慢のしすぎは良くない！

最も優秀な
ストレス解消法

お酒でストレス解消すると二日酔いになるし健康にも悪い。
買い物でストレス解消するとお金が幾らあっても足りない。
食べることでストレス解消すると体重がどんどん増加していく。

この3つは中毒になりやすい上に、中毒になるとダメージがデ
カいし抜け出すのがめちゃくちゃ大変。そこで筋トレです！

なんと！　無料でできる上に中毒になったとしてもどんどん筋
肉が増えて、より引き締まって、より強くなって、ますます健
康になっていくだけ！

ストレスと共に体脂肪まで燃やしてくれる！

天才的ソリューション！

筋トレしましょう！

筋肉は裏切らない！

312

立場が変われば考えも変わる

俺はX（旧Twitter）を10年ぐらいやってて、フォロワーさんが210万人ぐらいいるんだけど、いまだかつて誰ともモメたことがないし、反論がきても一切言い争ったことがない。なぜかと言うと、別に我慢してるわけじゃなくて、

「あなたの言うことにも一理あるよね」
「立場が変われば俺もそう思うかも」

って感じでどんな意見や反論にも共感してて、言及し始めるとキリがないから何も言わないだけです。

自分だけが正しいだなんてこれっぽっちも思ってないのです。

この本で書いてることも同様で、あなたの中で「違うな」って思う内容があったらどうか読み飛ばしちゃってほしい。

「自分だけが正しい」という思いを捨て去ると揉めごとが減るし、いろんな意見を吸収できて視野も広がるのでとてもオススメです。

恩を着せない

「私は○○してあげたのに」「いつもこんなにやってあげてるのに」とか言う側も言われる側も不幸になるだけなのでやめましょう。

見返りがなくても納得できる範囲で他人に親切にすればいいし、見返りを求めての行動だったなら投資に失敗したのは自己責任なので他人に恩着せがましいこと言うのはやめましょう。すべての行動はエゴだと覚えておいて。

誰かのためにと思ってとった行動も、結局は自分を犠牲にして誰かのために何かしたいという自分の欲望を叶えているに過ぎないんだ。その行動の根底にはその人に気に入られたいという思いがあったかもしれないし、人として正しい行いをして自分の良心を喜ばせたいという思いがあったかもしれない。いずれにせよ、完全なる自己犠牲なんてもんは存在しなくて、行動の動機には必ず自分の利益が存在する。そこさえ認識しておけば「私は○○してあげたのに」「いつもこんなにやってあげてるのに」とかいう恩着せがましい言葉は出てこないはずだよ。

他者への奉仕は自己犠牲ではなく自己実現。そう考えたほうが自分も相手もハッピーになれますよ。

314

自分を大切にする

「自分を大切にしてね」と言うと、「自分をどうやって大切にしたらいいかわかりません……」と言う人がいるので、自分を大切にする超具体的な方法を教えるね！

心から楽しいと思えることに時間とお金を使う。会いたい人に会う。行きたい場所に行く。推しを推す。欲しい物を買う。マッサージに行く。ずっとやってみたかったことをやってみる。美容院で新しいヘアスタイルに挑戦。食べたい物を食べる。適度に運動する。十分な睡眠をとる。

自分を大切にするってそういうことだ。

自分のご機嫌を最優先にして日々を過ごそうね。

自分を大切にしようね。

すべての人にセカンドチャンスを

俺はすべての人にセカンドチャンスがあるべきだと思っている。人は誰でも過ちを犯す。過去を細かく調べられて完全に潔白な人なんていない。限度はあるが、過去の過ちを理由に特定の人物を追放する社会が良い社会だとは思えない。一度や二度の過ちで人生が終わっていいはずがない。人は改心できる。

そして、このルールは自分自身にも適用してほしい。自分が過去に犯した過ちが忘れられないからといっていつまでも恥じたり後悔したりしている人がいるなら、自分自身にもセカンドチャンスを与えてやってほしい。過去にいつまでも囚われているとこの先の人生まで狂ってしまう。過去に犯した最悪の過ちで人の価値は決まらない。大事なのは今どう生きているか、これからどう生きていくかだ。恥じたり後悔するってことは良心がある証拠だよ。もしそういう人がいるなら、そろそろ自分を許してあげよう。

どうしても自分で自分が許せないなら、俺があなたを許すよ。

316

がんばりすぎたらダメ

限界ギリギリまでがんばったらダメですよ。人は限界に近づくと正常な判断ができなくなってきて限界の境界線がわからなくなってしまう。そして、限界に到達する頃には休む意志や気力すらも失ってしまう。限界を超えてしまうと心か体が崩壊して、長く苦しい治療が待っている。だからどうか限界ギリギリまでがんばろうとしないで。

8割ぐらいの力で適度にがんばって。常に全力でがんばる必要なんてぜんぜんないんだよ。

全速力で短期間走るよりも、持続可能なペースで長期間走るほうが遠くへ行ける。

気楽に
ゆる〜く生きよう

気楽にゆる〜く生きよう。何事にも執着せず、すべてをあるがままに受け入れ、うまくいかなくても焦らず、問題が起きてもゲームと捉えて楽しみ、心配や不安とは距離を置き、当たり前の日常にこれでもかってぐらい感謝して、嫌われても気にせず自分を好いてくれる人を全力で大切にして、他人の視線など気にせず何を言われてもブレずに自由気ままに生きる。そんな感じの生き方。

↑の生き方がちょっと違うなって思うならぜんぜん参考にしなくていいから、あなたオリジナルの理想の生き方を見つけてみてね。全人類に当てはまる理想の生き方なんてもんはないんだから、その辺も曖昧に気楽にゆる〜くいきましょう。

318

ゴ　ゴ　ゴ
リ　リ　リ
ラ　ラ　ラ

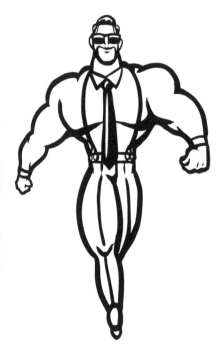

忙しい日々を生きてると忘れてしまいがちなので定期的にリマインドしたいんだけど、悶々と悩んでしまうときは、

私はゴリラだ！
私はゴリラだ！
私はゴリラだ！

と３回唱えましょう。

ゴリラは今あなたが悩んでいることで悩みますか？　悩みませんよね。バナナ食ってドラミングして寝て忘れますよね。

あなたもそうしてください。人間は脳が発達しすぎているから悩みが絶えないのです。

脳内にゴリラを飼ってください。いや、ゴリラになってください。

いいですか。今からあなたはゴリラです。

ウホッ！

やりたいことは
後回しにするな

「仕事が落ち着いたら」とか「老後の楽しみ
にとっておく」とか言うの禁止な！　俺はそ
う言ってやりたいことを先延ばしにしてきた
人たちが、病気や身内の不幸など、さまざま
な理由で結局は実現できずにめちゃめちゃ後
悔するケースを何度も見てきた！

歳を取れば気力や体力も落ちていく！　やり
たいことや試したい趣味があるなら気力体力
が高い今やるのをお勧めするぞ！

やりたいことは今やれ！

人生はそのためにあるんだぞ！

おめでとう

離婚した？　おめでとう！
恋人と別れた？　おめでとう！
仕事をやめた？　おめでとう！
学校をやめた？　おめでとう！
友達と絶交した？　おめでとう！
両親と縁を切った？　おめでとう！

その行為があなたの人生から苦しみを取り除き、より良い未来に向かっていくための行為である限り、それが世間一般ではネガティブに捉えられる行為だとしても、俺はすべての行為に対しておめでとうと言いたい！

常識に抗ってよくぞ決断したな！

偉いぞ！　俺はあなたを誇りに思うぞ！

おめでとう！

SNSに過剰反応しないで

みんな他人を気にしすぎだよ。特に SNS。犯罪おかして
るわけでも、悪意を持って誰かを傷つけてるわけでもない
なら別に他人にどう思われたって何を言われたって関係な
いよ。SNS で何を見て何を見ないかは個人が選べるんだ
から文句あんなら見るなボケって話でしょ。いちいち気に
してたらストレスで病んじゃうよ。

逆に、他人の SNS を見て過剰に傷ついたり悲しんだりす
る人も注意が必要だ。どう考えてもその人に向けた発言で
はないのに勝手に深読みして「傷ついた！」「配慮が足り
ない！」と不快な気分になっていたらそれこそ病んでしま
う。自分に向けられた刃じゃないのに自分から切り裂かれ
にいってたら精神がもたない。つらいだろうからその思考
のクセを直して心穏やかに生きてほしい。

SNS でもリアルでも、気楽にゆる～くやっていこうぜ。

322

今いる環境が耐えられないほどつらかったり合わないと感じるなら別の場所に移ろうね。

「逃げるな」
「他では通用しない」
とか言ってくる人もいるだろうけどガン無視で。逃げるんじゃない。違う方向に進むんだよ。他では通用しないってのも何の根拠もない脅しだから。

今の環境よりも100倍楽しくて活躍できる場所は必ずあるよ。

魚が陸上にいたら弱っちゃうよね？　それと同じで、人にも合う環境合わない環境ってあるから。

魚を海に入れたらイキイキと泳ぎだすよね？　それと同じで、人も合う環境さえ見つければイキイキと生きられるから。

うつ病へのスティグマ

何億回言ってもわからない人がいるから言い続けるけど、うつ病は甘えではなく甘えられない人がなる病気だし、サボりたいからうつ病のふりをするのではなくサボれない性格の人ががんばりすぎて患ってしまいがちなのがうつ病です。的外れな言葉で傷つけるの本当にやめて。ちょっとは勉強してから発言して。

これはその他すべての精神疾患に対しても同じ。間違っても精神疾患を患っている人たちを責めるような発言はしないでください。

この本を読んでくださっているあなたはそんなことしないってわかってるけど、周りにそういう人がいたら諭してあげてね。

そして、もしあなたがそのような発言で傷ついたことがあるなら、そんなことを言う人は精神疾患に関して何もわかってない、人の気持ちを考えることのできないおバカさんなので、どうかそんな人の言葉であなたが傷つかないでね。

ポジティブに加齢する

特定の年齢層をバカにしていると、それはいつしか自分への呪いになる。

30代女性を嘲笑の意を込めておばさん呼ばわりしている20代女性は自分が30代になったときに苦しむし、40代男性を嘲笑の意を込めておじさん呼ばわりしている30代男性は自分が40代になったときに苦しむ。

おばさん構文とかおじさん構文とか、特定の年齢層をバカにするような言葉も同様で、そういう言葉を使っていると年齢を重ねることが悪いことかのように錯覚してしまう。他者を傷つけ得る言葉でもあるし、これから年齢を重ねてく自分自身への呪いにもなるのだ。

生きてりゃ誰だって年齢を重ねてくんだから、ポジティブに加齢していこうぜ。

10代には10代の、20代には20代の、30代には30代の、40代には40代の、50代には50代の、60代には60代の、70代には70代の、80代には80代の、90代には90代の、100代には100代の良さがある!

痩せる方法はシンプル

痩せるのなんてマジで簡単だよ。

動く量を増やして食べる量を減らす。たったそれ
だけ。こんなにシンプルなことなのになんでみん
なダイエットに挑戦しては失敗を繰り返してるの
かはっきり言って意味がわからない。俺はいつも
この方法を使って2か月で5キロ太ってるよ。

動く量を増やすと食欲も増えてケーキが食べたく
なるからダイエットとかマジ無理。ダイエット中
のケーキは普段の100倍おいしく感じるし、ホン
トにホントに無理。最近はレッドベルベットケー
キとキャロットケーキにハマっています。はい。
正解です。私はクリームチーズに弱いです。よろ
しくお願いします。

326

意見と自分を切り離す

意見を否定されただけで人格まで否定されたと勘違いしてしまう人が実に多い。意見と自分は切り離そう。意見を否定されるたびに人格を否定された気分になっていたら精神衛生上良くない。健全な話し合いができない。そして、そういう人には誰も何も言ってくれなくなる。

適切なアドバイス・フィードバック・反論をされても素直に聞き入れることができず、攻撃されたと錯覚したり落ち込んだりしてしまう人はものすごく損をするのだ。

意見と人格はまったくの別物です。人間として好きか嫌いかなんて関係ありません。

327

生きてりゃ嫌われることもある
気にしてもしゃーない

嫌われたくないという思いは人生のなるべく早い段階
で捨て去ろう。

みんなに好かれる人が嫌いな人もいるし、
嫌われてもいいと思ってる人が嫌いな人もいるし、
八方美人が嫌いな人もいるし、
明るい人が嫌いな人もいるし、
暗い人が嫌いな人もいるし、

まあ、このリストは延々と続くわけだけど、兎にも角
にも誰からも嫌われないとか絶対に不可能だから。気
にするだけ無駄だから。

生きてりゃ嫌われることもあるさ！　俺のことを嫌い
な人もたくさんいると思うけど、それと同じぐらい俺
のことを好きでいてくれる人もいるから俺はぜんぜん
それでいいと思ってるし、俺の時間と感情は俺のこと
を好きでいてくれる人のために使いたいと思ってる！
あなたにもそうすることをオススメしたい！

一緒にいて
居心地の良い人は
人生の宝物

学生時代に出会う、「コイツと居ると居心地良いんだよな〜」「一緒にいるのがラク」っていう異性や友人は、あなたが思っている数百倍は貴重でかけがえのない存在であるということを覚えておきましょう。

で、超大切にしましょう。社会に出ると知り合いの数は増えるけど、お互いプロフェッショナルとして接するし、利害関係も複雑になるしで、そういう居心地の良い関係性を築く機会はググッと減ってしまいます。本当に本当に貴重な存在なのでこれでもかってぐらいめちゃめちゃ大切にしてください。あなたの人生の宝物ですよ。

これを読んで、「最近アイツと連絡とってないな……」と誰かが心に思い浮かんだ人は今すぐ連絡してみてください。

きっときっと後悔しないはずですよ。

そういう人がいない人も大丈夫です！　社会に出てからでも自分から能動的に動いていけばぜんぜん見つかります！同じ推しが好きな同志とか、お店の常連さん仲間とか、探そうと思えばいくらでも手段はあります！

ちなみに、友人の数がめちゃくちゃ少ないことで有名な僕ですが、そんな僕の数少ない友人の半分は社会に出てからジムで出会った筋トレ仲間です。筋肉だけでなく友人まで作れてしまうとか筋トレ万能すぎる！　筋トレは裏切らない！　あなたもどうですか！　筋トレ！

329

良い人生を
送るための6箇条

良い人生を送りたいならこの6つ意識してみて。

①健康を最優先する（何よりも優先してください）

②他者からのお願いや誘いを断ることを恐れず、自分の時間／習
　慣を守り抜く（ノーと言う勇気を持ちましょう）

③尊敬できる人たちと交流する（周りにいる人は自分の鏡です）

④自分の成長に時間とカネを投資する（自己投資が最も費用対効
　果の高い投資です）

⑤他人の意見を鵜呑みにせず自分の頭で考えて行動する（自分が
　納得のいくように生きないと後悔しますよ）

⑥悩んでも無駄。悩んでる暇あったら筋トレしろ（または寝ろ）

これらを意識するだけで人生がどんどん上向いていきますよ！

睡眠時間7時間
趣味の時間1時間も
確保できない仕事は……

そんな簡単に仕事をやめられないのはわかってるけど、睡眠時間7時間、趣味の時間1時間すらも確保するのが難しい職場なら心身ぶっ壊される前に転職を考えるなり人事に掛け合ってみるなりしたほうがいいよ。そのうち心か体が壊れちゃうし、運良く壊れないとしても7時間眠れない、1時間趣味に使う時間ないってそんなの会社から人権を侵害されてるも同然ですよ。

「今のところを辞めたら次があるかどうか心配……」って気持ちはわかるんだけど、そのペースで働き続けても絶対に幸せは待ってないから。

お願いだから勇気を持って行動して。手遅れになる前に。

「時間がない」という理由で断られているならあきらめる

「時間がない」という理由で断られているならさっさと次いきましょう。その人は本当に時間がないわけではなく、その人にとってあなたの優先順位がめっちゃ低いだけです。重要な案件なら時間なんて死に物狂いで作ります。実際は、「（あなたのために使う）時間がない」なので縁がなかったと思って次いきましょう。

本当に時間がない人もいるかもしれないけど、そういう場合は「しばらく忙しいんだけど、○月○日とかならどう？」といった感じで必ず代案がくるはずです。

恋愛においてもビジネスにおいても、

「時間がない」＋「代案がない」＝脈がない

ですので、無駄に時間を浪費せずさっさと次いきましょう。

人生は楽しまなきゃ損

人生が不調な人はこれ意識してみて。

①あなたを大切にしない人をあなたが大切にする必要はない。離れよう
②生まれてきたら引き返せないのが人生だ。楽しんでおかないと損だぞ
③誠意のない人間は相手にするな。時間の無駄
④ありとあらゆることは最終的にはなんとかなる。肩の力を抜いて気楽にいこう
⑤筋トレすればすべてうまくいく。筋肉は裏切らない

毎日を忙しく生きてると忘れてしまいがちなので、きっちり暗記してください！　ここ、テストに出しますよ！

333

人はなぜ勉強するのか

人が勉強をする最大の理由は、勉強をすればするほど自分がいかに何も知らないか気づけて謙虚になれるからである。あと、シンプルに世の中の構造や歴史が頭に入っているとありとあらゆるコンテンツ（旅行、漫画、映画、政治、ゲームなど）に対する解析度が上がって100倍エンジョイできるようになり人生が楽しくなるってのもデカい。

逆に、勉強をしない最大のデメリットは自分の無知に気づくことすらできずに傲慢になってしまうこと。そしてもちろん、世の中の構造や歴史が頭に入っていないとありとあらゆるコンテンツに対する解析度が低いので楽しむことができず人生がつまらなく感じてしまうってのもデカい。

勉強、絶対にやったほうが良くない？

俺クラスの人間になると世の中のことはだいたいわかるけど、キミたちはまだまだ勉強が足りてないからちゃんと勉強するようにな。

古参オタが
幅を利かせすぎる界隈に
未来はない

どこの界隈にも初心者をバカにしたり、新参者をニワカ扱いしたりする人がいるけど、せっかく同じものを好きになりかけてる未来の同志を邪魔するのはやめようぜ。古参だけで楽しみたい気持ちもわかるけど、古くからのファンが新しいファンを受け入れないって業界にとっては最悪ですよ。

どの業界もファンの母数増やして露出と売り上げを伸ばさないと発展しないので滅びてしまう。業界を本気で支えたいならご新規さんに親切でなきゃいけない。ニワカは消えろ的な発言や空気はマジで害悪でしかない。

あなたが好きなその〝何か〟がもっと盛り上がってほしいなら、永続してほしいなら、ご新規さんにはめちゃくちゃ親切にしてご新規さんが沼にハマるまで誘導してさしあげましょう！

ご新規さんは同じ〝何か〟を愛する未来の同志ですよ！

335

生きたいように生きる

やりたいことをやって、やめたいことをやめて、食べたいものを食べて、推したい人を推して、会いたい人に会って、行きたい場所に行って、言いたいことを言って、それで嫌われてしまっても気にせずに受け入れ、そんな自分を好きでいてくれる人たちだけを全力で大切にする。そんな生き方ができると人生がめちゃめちゃ楽しくなるよ。

人生は一度きり。他人にどう思われるかなんて気にしないで自分の欲求に素直に生きよう。他人の視線なんかに行動を制限させないで自分が生きたいように生きよう。

第12章

336

みんな不安 不安じゃない人なんていない

不安な人。大丈夫だよ。それが普通だ。ご飯を食べなかったらお腹がすくのと同じぐらい、生きてれば不安になるのは当然の反応だ。不安は決して特別なものじゃないの。不安がこれっぽっちもない人なんていないの。だから不安を特別視しないで。不安について考えれば考えるほど不安は大きくなっていってあなたをもっと不安にさせるよ。多少の不安はあって当たり前だから考えすぎないでね。大丈夫だからね。

そんなこと言われても不安なもんは不安なんじゃい！

って思ってるあなたにもう少し説明すると、どこに意識を集中させるかが超重要で、幸せになって当然だと思ってる人は幸せ感受性が高いので小さな希望をスグ見つけて幸せになるし、不幸になるのを恐れてる人は不幸感受性が高いので小さな不安もスグ見つけて不幸になる。要はどこに注意が向いてるか。幸せを探せば幸せが見つかるし、不安を探せば不安が見つかる。超シンプルだけど、そういうもん。

幸せ探そう。幸せになろう。

メンタル崩壊を防ぐ 何がなんでも防ぐ

一度でもメンタルが崩壊すると本当に本当に大変だから絶対に無理しないでね。心が壊れると生活から笑顔が消える。昔は当たり前にできていたことができなくなる。しかも、ほっとけば治る風邪とは違って心の回復には多大な労力と長い時間が必要になる。そんなつらい思いは誰にもしてほしくない。つらいときは必ず休んで。約束ね。

ちなみに、休むって具体的に何をすればいいかと言うとものすごくシンプルで、食う動く遊ぶ寝るです。栄養のあるもん食べて、お散歩して、楽しいことして、夜は7時間以上寝る。これが王道にして最強です。

食欲がなくて食べられない、お散歩する体力がない、楽しいことする気すら起こらない、夜に眠れないという人は、念のためお近くの病院に行くことをオススメします。何もなければないで安心できるし、何かあれば解決策を提示してもらえるし、悪いことなんてないんだから気楽に行ってみてください。

主役は批判されてる側

他人を批判ばかりしてる奴は脇役として人生を終える。何かを成し遂げようと挑戦していたら他人にケチつけてる時間なんて1秒もないはずだ。批判する奴なんて自分は何もしてない暇人だけだぞ。もし自分がいつも批判ばかりしてる自覚があるなら今すぐやめて自分の人生を生きような。

そして、批判されて傷ついているそこのあなた！　主役は批判されてる側だから主役は主役らしく堂々としとけよな！　他人の批判ばかりしてる暇人を相手にしても時間と感情の無駄遣いになるだけだから批判されてもほっとけ。

批判はしない！　聞かない！　自分の人生に全集中！

朝活のススメ

「趣味や勉強のためのまとまった時間が取れない」
「誰にも邪魔されず何かに没頭して取り組みたい」

と思っているあなたに朝活をオススメしたい。もう、めちゃくちゃオススメしたい。

朝、いつもより1～2時間早く起きてその時間を集中して取り組みたい〝何か〟に充てるのだ。

朝は、

①予定が絶対に狂わないので確実に時間を確保できる
②体も脳も充電満タンなのでめっちゃはかどる
③誰からも邪魔されないので集中できる
④早寝早起きの習慣が身について健康にも良い

などなど、マジでメリットしかない。

朝活、本当に本当にオススメです。僕は4:00～9:00の間で重要な仕事や筋トレ、読書など、体力と集中力が必要なアクティビティはすべて済ませちゃって、9:00以降は気楽にゆる～くやってます。あなたもぜひお試しください！

340

嫌いな人を好きになれとは言わないけど、
その嫌いな人の足を引っ張るようになった
らおしまいだよ。

足を引っ張るってことは自分で自分がそい
つの下にいるって認めてるも同然だ。足は
下からしか引っ張れない。他人の足を引っ
張ってる時間があったら、その時間を自分
を高めたり人生を楽しんだりすることに使
おうぜ。他人の足なんて引っ張っても自分
も相手も不幸になるだけで誰も得しないか
ら。いや、むしろ多分その人は足を引っ張っ
てくる連中なんて眼中にないだろうから、
足を引っ張ってる側だけが不幸になるな。

これ以上ないってほど不毛でダサい行為と
は距離を置いて、自分の人生を生きよう。

嫌いな奴なんてほっとこう。

いつもイライラしてしまうあなたにイライラが一瞬で消えてしまう、いや、消さねばと覚悟を決めさせてくれる、とっておきの情報をお伝えしたい。

陰口を言われたとき
悪口を言われたとき
嫌がらせをされたとき
上司に説教されてるとき
約束を破られたとき
小言を言われたとき

イライラは
死活問題

イラッとしてしまうのは自然の摂理だが、ちょっと落ち着いてほしい。イライラしても何も解決しない。いや、解決しないだけでは済まない。なんと、イライラすると筋肉が分解されてしまうのだ。イライラするとストレスホルモンと呼ばれるコルチゾールが分泌され、コルチゾールは筋肉を分解する作用を持っている。イライラすると愛する筋肉ちゃんが減ってしまうのだ。必死で手に入れた愛する筋肉を、老後のあなたを支えてくれる最強の筋肉ちゃんという友人を分解されてしまうとかあり得ないでしょう！絶対に許せないでしょう！

筋肉が減ると太りやすくなり、弱くなり、見た目も悪くなり、もう考えただけでイライラして筋肉が減ってしまいそうですよね。もはや凶悪犯罪ですよね。イライラは徹底排除して筋肉を守りましょう。「イライラしたら筋肉が減ってしまう」と思えば上司にイヤミを言われようと、嫌いなお客さんに叱られようと、友達が遅刻してこようと、心の平穏が保てるはずだ。筋肉を守れ！

342

好きなことで
生きていく

「好きなことで、生きていく」ってのはやりたくないことは一切やらなくていいっていう意味ではありません。何をするにしても地道な作業、努力は絶対に必要です。好きなことをするためには、やるべきことが存在します。ある程度の苦労は覚悟しておきましょう。どうせ苦労するなら興味もなく嫌いな何かのためじゃなくて、興味があって好きな何かのために苦労しようぜって話です。

好きなことだけして生きてるように見える人でも、そう見えるだけでその裏では何倍もやるべきことをやってるか過去にやってきた人です。表面だけ見て、「自分も好きなことだけして生きていきたい」とか思ってると怪我をします。なぜならそれは実現不可能だから。

覚えておいてください。好きなことをするためにやるべき努力を怠ると、経済的な理由や立場的な問題で好きなことができなくなってしまいますよ。好きなことを続けたければ、まずはやるべきことをやりましょう。もちろん苦労もたくさんあると思うけど、好きなことで生きていくのはやはり最高なのでオススメの生き方ですよ。

人生は楽しむために存在する

暗い顔するな。笑え。絶望するな。希望を持て。生まれてきちまったら引き返せないのが人生だ。引き返す選択ができないなら死ぬまではとりあえず楽しんどかないと損だぞ。イヤになったら逃げたっていいし、疲れちゃったら休めばいい。気楽にいこう。でも楽しむことだけは忘れないでくれ。

人生は楽しむためにある。食べ放題みたいなもんだよ。一度入場して少しでも食べ始めちゃったら返金は不可能なんだから、入った以上は全力で楽しまないともったいないでしょ？

お互いもう生まれてきちゃって引き返せない者同士、全力で人生楽しもうぜ！

344

サボりたければ
ご自由にどうぞ

サボりたきゃ好きなだけサボったらいいよ。手を抜いたってバレないから大丈夫だって。

ただね、手を抜いたツケを払うのは自分だよ。将来的にどんな状況に陥ろうと過去にサボった自分以外に責める人が見つからない。サボるのは勝手だけど自分で自分を悪い方向に導いてるっていう自覚だけはしておいて。それがイヤならがんばって。

ちなみに、野球選手のイチローさんは「厳しい指導が難しい時代だからこそ、それを自覚し、自分で自分に厳しくすることができないと勝ち抜けない時代」的なことを言っている。俺も同意だ。誰も見てないときこそがんばれ。成功したいならダラダラしてる時間なんて人生において1秒もねえぞ! やる気なんてあってもなくても黙ってやれ!

ただし! 健康第一でな! 健康を害してまでがんばるのは絶対にダメだぞ!

恐怖はまやかし

恐怖心ってのはやる直前がピークなんだよ。バンジージャンプやスカイダイビングでも飛ぶまでが一番怖くて、飛んでる最中は楽しさが勝つもんだ。怖がって躊躇してる時間が長くなればなるほど恐怖はどんどん大きくなっていく。恐怖の先には快楽が待ってるのに、勝手に不安になって自分を苦しめてるわけだ。そんなの損でしかないでしょ？

何かやるときはビビらず速攻でやれ！

バンジージャンプやスカイダイビングを一度体験してみると俺の言ってることが完全に理解（ワカ）るからぜひ一度やってくるといいよ。それで、今後何か怖いことがあるたびにその体験を思い出すといい。このアナロジーは今後の人生で何度も使えるからめっちゃ良い投資だと思います。

運動は体に良いって本当?

大事な話をします。あなたの健康に関わる話なのでどうか読んでいってください。早速本題に入りますね。これ、めちゃめちゃ重要なポイントなんですけど、「運動は体に良い」じゃないんです。「運動不足は体に悪い」なんです。

寿命が縮む
老化が早まる
メンタルヘルスの悪化
死亡リスク↑
2型糖尿病リスク↑
結腸がんリスク↑
脳卒中リスク↑
毎年の医療費↑
高血圧
肥満
骨粗しょう症

これらはすべて運動不足が引き起こす問題です。「運動は体に良い」という認識から、「運動不足は体に悪い」という認識に切り替えるべきです。運動は健康になりたい人がやるべき行為ではなく、不健康になりたくない人がやるべき行為なのです。

体に悪いからタバコを吸わないという人はいても、体に悪いから運動不足を避けるという人はいませんよね。価値の転換が必要です。アメリカには「座りっぱなしは新しい喫煙です」という言葉があるぐらいです。運動不足はそれぐらい体に悪いんです。

皆さん、1日に10分のお散歩からでもいいのでどうか運動を始めてみてください。ちなみに、普段の活動に1日10分間のお散歩を足すだけで死亡率が28%も低下するなんていう研究もあるよ。

運動は裏切らない。

347

読書 is 最強

睡眠管理、食事管理、適度な運動、筋トレなどはもはや基礎中の基礎なのでやるのは当然として、俺がその他のありとあらゆるアクティビティの中で最もあなたにオススメしたいのが読書だ。

お金と時間の投資先として読書以上にコスパの良いものはない。

その道の超優秀な専門家が膨大なお金と時間を使って得た知見を数千円で購入できて、一般読者にも理解できるように丁寧かつわかりやすくまとめられた情報を数時間〜数日で自分の脳にインストールできるなんて革命的なことだよ。しかも知的好奇心を満たす作業というのは、一度ハマってしまえば中毒になってしまうほど刺激的でめちゃくちゃ楽しい。最高すぎるでしょ。

実用書だけではなく小説も最高だ。小説を読むという行為以上に没入感覚があるアクティビティはないので、現実がつらいときに小説の世界は最高の現実逃避先になり得るし、小説を通して様々な知識も得られるし、何より登場人物の心理描写や物語の展開を通して想像力が飛躍的に高まる。小説の種類にもよるが、他人の人生を疑似体験してるようなもんだから、経験値が爆速で上がる。最強すぎるでしょ。

読書はイイぞ。

断言する。読書は100%人生を豊かにする。

348

交友関係は狭く深く

失礼な人やあなたを大切に扱ってくれない人と我慢してまで付き合う必要はないぞ。あなたのことを尊敬してくれて大切にしてくれる人たちをあなたも尊敬して大切にしたらいいんだ。

変な奴らと無理して付き合ってもストレス溜まるわ自尊心傷つくわで何もいいことない。

みんなとうまくやる必要なんてないんだ。交友関係は狭く深くでいい。少数の大切な人を全力で大切にして、その他大勢には敬意は持つし親切にもするけど自分の大切な感情や時間などのリソースを投下しない。これ、人間関係のストレスを極限まで減らすコツです。

今日も大切な人を大切にしていきましょう！

349

自分が幸せならオールオッケー

誰に何を言われようと自分が幸せならそれでいいんだよ。価値観は人それぞれだ。世間に認められる必要なんて一切ない。

お金が大切な人もいるし、家族が大切な人もいるし、仕事が大切な人もいるし、趣味が大切な人もいる。他人がゴチャゴチャ言うことじゃない。

あなたは他人なんて気にせずに自分の価値観に従って生きたらいい。あなたがいま幸せで、その幸せに持続性があるならその生き様を貫いてね。

覚えといて。人生は超シンプルで、結局は幸せになったもん勝ちなんだぜ。周りの意見に惑わされず幸せをつかんでね。あなたの幸せを願ってるね。

どんな価値観であれあなたが幸せなら俺も嬉しい。最高だよ。

350

すべては今ここから

聞け。悪い出来事が続いても、最近ツイてないなぁと思うようなことが連続して起こっても、自分の未来を悲観するんじゃねえぞ。

断言する。悪い出来事が続いたのは単なる偶然だし、あなたの未来はめちゃめちゃ明るい。ってか、あなたが自らの意志と行動によって最高の未来を創り出していくんだ。だから暗い顔すんな。

あなたの心掛けと行動次第でこれから数えきれないほどの素晴らしいことが起きる！　すべては今ここからだ！　ここから巻き返していくぞ！　絶対に絶対に最高の未来を創り上げていこうな！気合い入れていくぞ！

351

この本の中で絶対に伝えたいこと一つだけ選べと言われたら、

７時間以上は寝て、適度に運動して、健康的な食生活を送りましょう

になります。他のことは、これができてからの話。

睡眠でホルモンバランスと自律神経を整えて、運動で強い体と精神を作り、健全な食生活で健康を保つ。

これが王道にして最強です。

困ったときは常にこの基本を思い出してください。この基本さえ守れていればよっぽどのことがない限りあなたの人生は大丈夫です。

寝ろ！ 動け！ 食え！

無礼者には
即退場してもらう

あなたをバカにしてきたり見下してきたり大切にしてくれない人にはあなたの人生から1秒でも早く消えてもらおう。人生は短い。そんな奴らと一緒にいてあなたの貴重な時間を消耗するなんてもったいなさすぎるから迷わず関係を断とう。そいつらと会えなくなったって得しかないし、大丈夫だよ。躊躇してないでさっさと絶縁しよう。

早めに判断しないとあなたの自尊心や自己肯定感がぶっ壊されて人生を楽しむ気力すら失ってしまいかねないので1発レッドカード即退場で!

悪口 愚痴 陰口 を封印せよ

幸せになりたければ悪口、愚痴、陰口などのネガティブな発言は控えましょう。

悪口、愚痴、陰口ばかり言ってると身を滅ぼすことになる。言ってる間は楽しいかもしれないし、ストレス発散になってる気がしてるかもしれないけど、ネガティブなこと言ってるときの自分の顔を鏡で見てみてよ。すげー醜い顔してるから。

日頃のマインド、発言は表情に出る。悪い表情の人からはポジティブな人が離れていくし、周りにはネガティブな人だけが残る。ネガティブな人とずっと一緒にいると感覚が麻痺してきてネガティブが普通の状態になり、人生に希望が見いだせなくなる。

悪口、愚痴、陰口なんて言う暇あったら筋トレしてストレス発散しような。

うまくいかないってことは自分の実力以上の何かに挑戦してる証拠

何かがうまくいかなくてモヤモヤ
してるそこのあなた！

エラいぞ！
うまくいかないってことは自分の
実力以上の何かに挑戦してる証拠
だ！　それってとんでもなく勇気
の必要なことなんだぜ！

しかも！

モヤモヤするってことは向上心が
ある証拠だ！　それって前向きに
生きてる人しか持てない最高のメ
ンタリティーなんだぜ！

今はつらいかもしれないけどあな
たならきっと乗り越えられるし、
乗り越えた先には快感と成長が
待ってるからがんばれ！

ファイトー！！

355

批判との
健全な付き合い方

批判は一切聞くな！ と言うと「批判から学ぶこともあるのでは？」と聞かれることがある。その通りだ。確かに批判の中には貴重なアドバイスもたま～に含まれている。が、批判の99%はあなたの気分を害するだけの下らない内容だ。貴重な1%の意見を探すために、他の99%の誹謗中傷まがいの批判に目を通してストレスを溜めていたら精神が持たない。批判の中から貴重な意見を探して受けるダメージが、貴重な意見から得られる価値を大幅に上回るのだ。

何かを成し遂げたかったり、目標に向かってがんばったりしているときは気分がすごく大切だ。気分が良ければ良い結果が出るし、気分が悪ければ悪い結果が出る。批判を見てテンションが下がると、成功確率も下がるのだ。自信を失いかけているときに、自分が一番自分を信じていなきゃいけないときに、批判なんて見たら自信なくなっちゃうよね。最後までやり抜けなくなっちゃうかもしれないよね。それって大問題だ。

では、批判は徹底的に無視しつつも、貴重な意見を得るにはどうしたら良いのか？　盲目になってしまわないためにはどうしたらいいのか？

正解は仲の良い友人たちに聞くである。

仲の良い友人たちに、「正直な意見を聞かせてほしい」と自分から批判を拾いにいくんだ。仲の良い友人からの意見なら冷静にすっと入ってくるし、この際にもらえるのは単なる批判ではなくあなたのことを大切に思っている人からの貴重な意見だ。仲の良い友人たちから確実に良い意見がもらえるのに、大衆の批判に全部目を通して良い意見を探すなんてバカらしいだろ？

ということで、批判は完全にシカトしとけ。テンション下がるものは視界に入れずご機嫌にやっていこう。

356

人生に二度目はない

皆さん忘れがちですが人生に二度目はありません。

やりたいことはやれるうちにやっておかないと絶対に後悔します。やりたいことを我慢してる時間も、やりたくないことをイヤイヤやってる時間も、周りの目を気にして生きてる時間もないのです。

誰がなんと言おうとあなたの人生の主役はあなただ。

やりたいことやれ。生きたいように生きろ。

他人に多大なる迷惑さえかけなきゃ何やってもいいから、必ず幸せになるんだぞ！

人に優しく

人に優しくあろうね。人生いろいろある。みんな何か
しらつらい思いをしてるし、無傷の人なんて1人もい
ない。それでもみんな懸命に、周りの人に心配をかけ
ないように笑顔を作って生きてるんだ。

他者に接するときはその人がつらい思いをしているか
もしれないという前提で優しく愛を持って接しようね。
あなたが優しさと愛を持って周りに接すれば、みんな
の心が温まって、あなたの周りは優しさと愛で満ち溢
れた世界になっていくはずだよ。

俺、優しい人が好き。大好き。

358

自分軸で生きよう。

「こうしてほしい。ああしてほしい」ではなく、「こうする。ああする」で生きるんだ。行動の軸は常に自分に置くのだ。

他人には他人の都合があるからあなたの思い通りには動かない。他人に求めてばかりだと人生が思い通りにいかなくなるから100%不幸になる。たとえいっとき幸せになれたとしても、他人ありきの幸せほど脆く儚いものはない。あなたはその幸せをいつか必ず失うことになるだろう。

忘れるな。コントロールできるのは自分の行動のみだ。自分の幸せは自分の手によってつかみ取れ。そこに他人はなるべく介在させるな。自己完結型の幸せこそ最も安定した幸せである。

SNSの治安向上

SNS 上で人を傷つけるような酷い言葉を吐くのはやめようね。自分で言わないにしてもそれを見たり、拡散したりするのもやめよう。

画面の向こう側にいるのは私たちと同じ生身の人間なんですよ。酷いことを言われたら傷つくし、怖いし、悲しいよ。それはもう想像以上に。言葉は簡単に人を傷つける。言葉が人を殺すことだってある。言葉の殺傷力を甘く見ないで。思いやりを持って。

これはもちろんリアルでも同じだけど、SNS だと匿名でかつ自分の顔も相手の顔も見えないのをいいことに好き勝手言う人が多すぎる。せめてこれを読んでくれているあなただけでも、俺と一緒に SNS の治安向上に努めてくれたら嬉しいな。

SNS やってると自分が傷つくこと言われることもあると思うけど、人が傷つくことを言う人がおかしいのであってあなたが傷つく必要なんてないんだからね。それを忘れないでね。いま落ち込んでるなら元気出してね。

360

あなたの悩みはどこから?

太りやすい→筋肉不足

痩せにくい→筋肉不足

ナメられやすい→筋肉不足

肩こり腰痛→筋肉不足

冷え性→筋肉不足

老後の不安→筋肉不足

体力ない→筋肉不足

モテない→筋肉不足

自信ない→筋肉不足

自己肯定感低い→筋肉不足

不安→筋肉不足

人生つまらん→筋肉不足

あなたの悩みはどこから?　たぶん筋肉不足から!
それなら今すぐ筋トレ!

そして、筋トレするなら OWN. がオススメだ。なにせ、誠実で天才の俺様が作っているのだから!

筋トレアプリ
OWN.ダウンロードリンク

ベストタイミングは今

悪いことは言わない。やりたいことがあるなら今すぐやろう。

「準備が整ったら」「時間に余裕ができたら」とか言って保留するな。人生は何が起こるかわからない。

準備が完璧に整うベストタイミングなんてもんは存在しない。ベストタイミングなんてもんは存在しないのだが、強いて言うなら常に今がベストタイミングだ。俺は預言者じゃないけど、一つだけ確実に言えることがある。それは、人生においてあなたが一番若くて元気なのは常に今ってこと。これは間違いない。

やりたいことがあるなら今すぐやっちゃおうぜ！　ナウ！

362

嫌がらせを撲滅しよう

好き嫌いがあるのは当たり前なので嫌いな人がいるのはいいけど、その嫌いな人に酷いこと言ったり嫌がらせするのはやめませんか！

その人を見てるとイライラするから嫌いなんでしょ？

だったらほっときましょうよ！

そっちのがお互いハッピーでしょ！　嫌いな人チェックして嫌がらせするとかどれだけヒマなんですか！それやって誰が得するんですか！

…………………って言いたくなることない？

俺はある。

363

あなたはどうせなんとかする

心配すんな。
悩むな。
きっとなんとかなる。
ってか、あなたはどうせなんとかする。

起こるかどうかもわからない上に起こったとしてもどうせなんとかなっちゃうことのせいで今ストレスを感じたり不安になってたらもったいないよ。そう深刻に考えず気楽にいこうぜ。

大丈夫。
どうせなんとかなる。
ってか、今までだっていろんなことをなんとかしてきたあなたはこれからだってどうせなんとかする。

あなたはどうせなんとかする。

364

強い信頼よりも広い許容

俺の人間観についてのお話。
さて、俺は基本的に人間を信頼してない。

例えば、友人や知り合いが悪いことをしてメディアでバッシングされたとする。

「あの人は絶対にそんなことをする人じゃない」
「俺は最後までアイツを信じる」

とか口が裂けても言えない。なぜなら、俺は人間が弱い生き物だと知っているから。

どれだけ立派な人間でも魔が差すことはある。

第一に、人間は環境に強く影響される。特殊な環境下に置かれ、普段なら絶対に取らないであろう行動を取ってしまうような外圧が高いとき、人間の自制心やモラルなんてもんは簡単に崩れ去る。俺にも自制心とモラルはあるが、今後の人生で自分が自制心やモラルに反することを絶対にしないなんていう自信は一切ない。自分のことすら確信が持てないのに、他者に確信など持てるはずが

ない。俺が悪いことをしなくて済んでいるのは、環境に恵まれているから。こっち側と向こう側なんて、紙一重だと思っている。

第二に、人間の脳は暴走することがある。慢性的な睡眠不足だったり、ストレスがかかりすぎたりしていると、自分自身の制御が利かなくなる。制御が利くのであればアルコール依存症も摂食障害も存在しないはずだ。人間には、正しいと思っているわけでもないしやりたいと思っているわけでもないのに、その行為を避けられない、どうしてもやってしまうということが往々にしてあるのだ。そこに論理は存在しない。そういうもんなのだ。

第三に、他人が腹の底で何を考えているかなんて絶対にわからない。絶対にだ。

ということで、俺は基本的に人間を信じてない。なんなら、自分のことすら信じられていない。

では、俺は人間が嫌いなのか？　というと、そんなことはない。むしろ、大好きだ。

人間という存在をこのようなスタンスで捉えており、過度に信頼・期待していないので、俺の他者に対する許容範囲はムチャクチャ広い。（もちろん限度はある）

悪いことをやらかした人に対しても、

「そういうことってあるよね」
「説明できないことってあるよね」
「つらかったよね。またこれから気楽にがんばっていこうね」

といった感じでゆる〜く対応できる。一回の過ちでその人の人格を全否定したり、見限ったりするなんてこともしない。

友人が何かしでかしたとき、友人の無実を信じてあげることはできないが、一緒にいてあげることはできる。

強い信頼よりも広い許容。それが俺の人間観のベース。

Happy Endingは
決まっている

人生いろいろあるよね。苦しいときもあるし、つらくて
あきらめたくなるときもあるし、悲しみのどん底に突き
落とされることもあるし、許せない奴の1人や2人はい
るし、理不尽なことや納得できないこともあるだろう。

でもね、生きてれば良いことだって必ずある。だから希
望だけは捨てないで。前を向いて生きて。最終的には間
違いなく幸せになるって思い込んで生きて。

俺はそんな思いをしてきたあなたにこそ幸せになってほ
しい。絶対に幸せになってほしい。大丈夫。希望を持っ
て生きている人間は必ずハッピーエンディングを迎えら
れるよ。保証する。お互いハッピーエンディングに向け
て無理せず気楽に健康第一で生きていこうな！

著者：**Testosterone**（テストステロン）

1988年に日本で生まれ、高校生の時に渡米し、大学を卒業するまでアメリカンライフを謳歌し、現在はアジア全域に生息する筋トレ愛好家。高校時代は110キロに達する肥満児だったが、筋トレと出会い40キロ近いダイエットに成功する。自分の人生を変えてくれた筋トレと正しい栄養学の知識が広まれば世界はよりよい場所になると信じて啓蒙活動を行っている。健康資産を最大化するために必要な三要素「筋トレ」「睡眠」「食事」の理想的な習慣をマスターするための「OWN.」を設立し、アプリの普及に勤しんでいる。Xアカウントは @badassceo。

装丁・本文デザイン：堀図案室
DTP：オフィスメイプル
イラスト：福島モンタ

365日、絶好調で超ハッピーになれる言葉

発行日	2024年5月 9日	初版第1刷発行
	2024年5月20日	第2刷発行

著　者	**Testosterone**
発行者	小池英彦
発行所	株式会社 扶桑社
	〒105-8070
	東京都港区海岸1-2-20　汐留ビルディング
	電話　03-5843-8843（編集）
	03-5843-8143（メールセンター）
	www.fusosha.co.jp

印刷・製本　中央精版印刷株式会社